Mario Mantese

Sei, was du ewig bist

Mario Mantese

Sei, was du ewig bist

Aus vorweltlichen Tiefen

Edition Spuren

Vollständig überarbeitete Neuausgabe des Titels
Das, was Du wirklich bist
Drei Eichen Verlag, 2008

Edition SPUREN
Bahnhofplatz 14, CH-8400 Winterthur
edition@spuren.ch www.spuren.ch

Lektorat: Urte Knefeli-Zemp
Covergestaltung: Marion Musenbichler
Illustration Cover: fotolia.com/tristantan71
Porträtbild des Autors: Günther Ciupka
Printed in Germany
Druck und Bindung: cpi, Ulm
ISBN 978-3-905752-56-4

INHALT

»Die Unverblendeten, die ohne Hochmut und Verwirrung sind, die den Makel der Verhaftung besiegt haben, die immer im Selbst ruhen, von denen die Wünsche abgefallen sind, die von den Gegensätzen, wie Freude und Leid, befreit sind, die gelangen zu dieser ewigen Stätte.«

Bhagavadgita

Dieses Buch ist ein spirituelles und kein religiöses Buch. Es ist kein Buch der Lösungen. Aus verschiedenen Blickwinkeln und Perspektiven wird ein spezifisches Thema beleuchtet und zur Klärung geführt.

Dieses Buch beansprucht nicht, die eine oder einzige Wahrheit zu verkünden, sondern führt den Leser/die Leserin direkt zu sich selbst.

DIE ÄUSSERE UND DIE INNERE WELT – ZWEI SICHTWEISEN

Außen

Die trägen Schritte der Evolution scheinen sich in der heutigen Zeit zu beschleunigen. Starke Veränderungen zeichnen sich in Umrissen ab, und Umwälzungen von unvergleichbarer Größe machen sich auf der Erde bemerkbar. Die Probleme, die sich durch diese Veränderungen der Menschheit eröffnen, sind so vielschichtig und komplex, dass es schwierig, ja fast unmöglich scheint, konkrete, greifende Lösungen für diese vielfältigen aufkeimenden Probleme zu finden. Es scheint, als ob die Menschheit und die Natur immer mehr in Bedrängnis geraten, sodass sich ein massives Unbehagen im kollektiven Bewusstsein ausbreitet. Das Fundament unseres Daseins, die Biosphäre, scheint ernsthaft zu erkranken, und die Auswirkungen dieser Krankheit machen sich auf der ganzen Erde bemerkbar. Was können wir tun, um nicht in einen selbstzerstörerischen Wirbel zu geraten, aus dem es für die Menschheit kein Zurück mehr gibt? Dieses Buch bietet dazu keine Lösungen, sagt dir nicht, was du tun oder lassen solltest, denn du, liebe Leserin, lieber Leser, weißt ja eigentlich genau, was und wie ein verantwortungsvolles Leben sein könnte oder sein müsste!

Innen

Man glaubt, dass es eine Erscheinung, die man Gott nennt, gebe und dass wir, die Lebewesen auf der Erde, eine andere Erscheinung seien. Tief gesehen, gibt es aber keine zwei voneinander getrennten Erscheinungen oder Identitäten, da Gott, die Totalität, die einzige Realität ist. Wenn sich die einzige Realität in verschiedenen Gestalten zu manifestieren scheint, dann nennt man dies Illusion. Aufgrund dieser Täuschung hat der Mensch vergessen, dass er selbst die Verkörperung der einen göttlichen Herrlichkeit ist. Da es überall nichts anderes als Gott gibt, können wir folglich nichts anderes als Gott sein. Doch Gott ist nicht das, was kommt und geht, erscheint und vergeht, sondern die Essenz von allem, was ist. Wer erwacht, realisiert das Formlose, die Essenz von *allem, was ist.* Aus dieser Perspektive wird die Welt als Überlagerung des Bewusstseins wahrgenommen, also als etwas, das es in Wirklichkeit nicht gibt. Möge dieses Buch Klarheit, Einsicht und Liebe in dein Leben bringen, und du die heilige Allgegenwart – *das, was du ewig bist* – realisieren!

MENSCHENÄNGSTE

Nie hat es einen Moment auf dieser Erde gegeben, wo es keine Zeit und damit keine Veränderung gegeben hätte. Alles wandelt sich und ist in ständiger Bewegung, eingebettet in einen Kreislauf von Werden und Entwerden an den Ufern zwischen Wachen und Schlafen. Im Moment, da du geboren wurdest und das Licht der Welt erblicktest, begann sich dein Leben unaufhörlich zu verändern. Jeder Moment deines Lebens war anders, kein Moment war gleich. Leben und Sterben sind gleichzeitig geboren, sie werden beide enden und mit ihnen auch alle planenden Gedanken. Doch das, was du *ewig* bist, ist nie in Erscheinung getreten und hat diese Welt nie berührt! Die brüchigen Gedanken, die in der Logik des gesammelten Wissens zu Hause sind, können die ungeborenen Tiefen des Ewigen nie erfassen. Wandel, Bewegung, Zusammensetzung und Auflösung – das sind die herrschenden Gesetze dieser Welt, einer Welt, die du im tiefsten Sinne nie betreten hast. Außerhalb von dir kann es keine Welt geben, da das, was du als subjektive Welt siehst und erlebst, ja du selbst bist. Du siehst und erlebst dich selbst. In der Unmittelbarkeit des Moments bist du der Erlebende und das Erlebte, der Verursacher und das Verursachte, der Kommende und der Gehende. Es ist diese treibende Kraft, die dich fest in ruhelosen

Sehnsüchten und alten Gewohnheiten gefangen hält und in dir ein Gefühl von innerer Stärke entstehen lässt. Woher kommt diese Kraft, die unaufhörlich nach Lösungen und nach Antworten für deine vielen Lebensprobleme sucht, diese Kraft, die dich zwingt, wissen zu wollen und verstehen zu müssen? Aus dieser Kraft hast du gelernt und aus dieser Kraft bemühst du dich, Schlechtes in Gutes zu wandeln und Lügen in Wahrheit. Doch was nützen Veränderungen und Lösungen, da diese bloß vorübergehende Entlastungen des Egos bewirken. Solange nicht die endgültige Erlösung von allen Lösungen und die endgültige Erlösung von allem Veränderbaren realisiert ist, bleibst du in der Wirrnis, im Tal des Todes stecken. Verlasse jetzt endgültig die alten, selbstsüchtigen Wege, die dumpfen, mechanischen Abläufe deines lösungsorientierten Lebens und erwache – wenn nicht jetzt, wann dann? »Ent-decke« die herrliche, grenzenlose Weite deiner Seele, entdecke die mächtige Aufgabe deines begrenzten Daseins und iss nicht mehr von der Nahrung des Todes. Was nützen Lösungen, Lösungen, die nichts anderes als egozentrische Strategien sind, Strategien, die für eine kurze Zeitspanne Klärung oder Besänftigung ins Alltagsleben bringen, zusammen mit dem Empfinden von Kontinuität? Du suchst in den Wirkungen nach Lösungen, doch ein Schatten kann nicht auf seine Substanz reagieren, eine Wirkung nicht auf ihre Ursache. Die Erklärung eines psychischen Phänomens bewirkt nicht dessen endgültige Erlösung und Überwindung, denn die Wahrheit an sich kann nie ein Objekt des Verstandes und der Erkenntnis sein, nur das Vergängliche, das Nicht-Wahre, kann ein Objekt der Erkenntnis sein. Du suchst nach Lösungen für Probleme, die es in Wirklichkeit nie gegeben hat, außer in deinem Verstand, der selbst nur als Erscheinung im Bewusstsein existiert. Der Ich-Kern, aus dem alle Missverständnisse, Lieblosigkeiten und alles schattenhafte Leiden entstehen, bleibt hartnäckig bestehen. Er lässt sich nicht durch Erklärungen und Lösungen entfernen. Durch diesen Kern wird die reine, kosmische Lichtkraft, die universelle Liebe, geknechtet und in inneren finsteren Kerkern gefangen gehalten. Du bist davon überzeugt, dass du mit Willenskraft alles erreichen kannst, doch die großen kosmischen Abläufe kannst du weder beeinflussen noch kontrollieren. Zerbrechende Ereignisse auf deinem Lebensweg geschehen immer unvorgesehen und unberechenbar an unbekannten, schicksalhaften Verästelungen deines Lebens, sodass die Hoffnung eines abgesicherten Daseins immer wieder von Neuem erschüttert und relativiert wird. Das Einzige, was sicher ist, ist, dass auf der Ich-Ebene nichts sicher ist. Erkenne deine aufreibenden Mühen und Sorgen als das, was sie sind – schattenhafte Zustände! Erwache und sei gewahr, dass das, was du wirklich bist, diese Welt nie berührt hat.

Niemand kann den Vorgang der Schöpfung, die Erhaltung und die Auflösung der Welt anhalten, da es in Wirklichkeit nie einen Schöpfer gegeben hat, außer in deiner Vorstellung. Gott IST! Schöpfer und Schöpfung existieren bloß als Konzepte in deinem Verstand. In dieser sich ständig wandelnden Welt, dieser permanent alles umwälzenden Offenbarungsmacht, suchst du beharrlich nach Stabilität und Sicherheit. Du suchst nach etwas, das es offensichtlich so nicht gibt, nie gegeben hat und auch nie geben wird. Diese Einsicht ist für das Ego ein riesiger Schock, denn es wird sich seiner langen, zermürbenden und ziellosen Reise durch die innere Nacht tief bewusst. Absolut keine Sicherheit, absolut keine Stabilität in dieser Welt – ein Schock! Zur Heilung: Finde heraus, wie es zur Erfahrung der Welt und dir selbst gekommen ist. Die permanente Instabilität in deinem Leben, die Unruhe in deiner Seelenlandschaft machen dir zu schaffen, und auch das vertraute Denken vermag daran nichts zu ändern. Dein Hunger nach Leben, diese Triebkraft, die das Werkzeug des physischen Daseins ist, zwingt dich unaufhörlich zum Handeln.

Du suchst im Außen nach Lösungen, von denen du dir innen, auf der psychologischen Ebene, Stabilität und Sicherheit erhoffst. Du suchst fieberhaft nach Überlebensstrategien, um den trüben Zuständen, in denen Ängste, Verunsicherungen und der Tod lauern, zu entfliehen. Ohne ein Innen gäbe es kein Außen und ohne ein Außen kein Innen. Die Innenwelt ist die Außenwelt und die Außenwelt die Innenwelt, sie bedingen und erzeugen einander. Sie sind untrennbar eins im Ich, ja, sie sind die Ich-Kraft selbst. Das, was du als Welt wahrnimmst, spiegelt sich jedoch in etwas Tieferem, nämlich im Bewusstsein. Ohne Bewusstsein, das die Essenz allen Daseins ist, gäbe es kein Innen und kein Außen, keine Welt. Die Welt ist nichts als eine Wahrnehmung, die ohne den Wahrnehmenden keine Existenz hätte. Dies zu wissen bedeutet absolut nichts, dies zu verwirklichen jedoch *alles*!

Sei gewahr, dass du formloses, reines, universelles Bewusstsein bist, eingehüllt in überwältigend heiliges Licht. Die kollektiven Welteindrücke sind stark und prägend; die gemeinsamen Vorstellungen, die gemeinsamen Missverständnisse, die gemeinsamen Verunsicherungen und Ängste sind erschreckend machtvoll. Was geschieht mit uns als Menschheit, wohin steuert die Zivilisation in diesem technischen Zeitalter? Bewegen wir uns direkt hinab in einen apokalyptischen Abgrund oder hoch hinauf in göttliche Gefilde? Der Inhaber aller Ängste, Hoffnungen, Verzweiflungen und Glaubenskonzepte ist das Ich. Es sind solche subjektiven Gedankenfärbungen, solche mentalen Schöpferkräfte, die die Seele versiegeln und im Raum des Todes gefangen halten. Diese subjektiven Gedankenkräfte sind genau das, was du wirklich *nicht* bist, denn das, was du wirklich bist, hat sich nie in die Torheiten der Gegensätze verstrickt. Doch wer anderen Schaden zufügt, schadet sich selbst, und wer Lebewesen zerstört, zerstört sich selbst, denn jedes Lebewesen ist das eine untrennbare Universum, die Totalität – das, was du *ewig* bist. Jede Ursache hat eine Wirkung, und jede Wirkung erschafft neue Ursachen. Löse dich von illusionären Anhaftungen, löse dich aus dem, was Ursachen erschafft! Stirb innerlich, bevor du äußerlich tot bist! Wenn unerwartete destabilisierende Ereignisse in die gewohnten Lebensabläufe eintreten, sich tiefe Risse in den Lebensadern des menschlichen Daseins öffnen, dann ist der Mensch hilflos, fassungslos, geschockt. Unheilbare Krankheiten, der abrupte Tod eines Menschen, den man liebt, Geldnot, der Verlust der Arbeitsstelle, sozialer Notstand usw. – all das, was man nicht steuern oder kontrollieren kann, löst im Menschen tiefe Ängste aus. In großer Not wird das Ich sich seiner Grundlage und seiner vernetzten Abhängigkeit bewusst und ist zutiefst erschüttert. Es wird seiner Kraft beraubt und wird sich seiner Vergänglichkeit und Verletzbarkeit tief bewusst. Das grob gesponnene mentale Leben wird infrage gestellt, der Wille entmachtet. Sei gewahr, dass jedes einzelne Lebewesen auf der Erde nur in Abhängigkeit von allen anderen Lebewesen existieren kann und dass du als einzelnes Wesen in die gesamten Abläufe und Geschehnisse der Welt eingebettet bist. Kein Mensch kann auf der Erde für sich allein außerhalb dieses gewaltigen kollektiven Geschehens als getrennter Organismus existieren, jeder lebt in Koexistenz mit allen Lebewesen, und alle Lebewesen sind genau das, was du wirklich bist! Einheit erscheint im Bewusstsein als Vielfalt, Vielfalt ist der Schmuck der Einheit. Der Verursacher aller personifizierten Probleme ist der Verstand. Transzendiere ihn und sei gewahr, dass du jenseits von allem Vergänglichen existierst und dass alles, was kommt und geht, dich im tiefsten Sinn nie berührt hat. Das, was du dein Leben nennst, ist eigentlich nur eine Bewegung, ein Ablauf im Bewusstsein, und aus dieser Bewegung entsteht die Projektion, die Vorstellung eines subjektiven Lebens: die Vorstellung von einem Gestern und einem Morgen, die Vorstellung von Geburt und Tod. Diese Bewegung ist deine rastlose Reise durch Raum und Zeit, durch Ungewissheiten, Höhen und Tiefen, durch Freuden und Kummer. Diese Bewegung ist das Ich, die subjektive Kraft, die über Bewusstseinsinhalte nachdenkt, über Mein und Dein. Denken und das Gedachte bilden das Innenleben des Verstandes und der Verstand ist das Instrument des Egos. Die Funktionalität des Verstandes zu durchschauen und zu transzendieren bedeutet, eine Form zurückzulassen, die immer leer war. Die dynamischen Bewegungen, die

Gedankenkräfte erschaffen gemäß dem subjektiven Vorwissen und den gemachten Erfahrungen ständig neue Vorstellungen und Konzepte. Sie gestalten das scheinbar Äußere im scheinbar Inneren. Das Innen erschafft das Außen und das Außen erschafft das Innen. Innen und außen sind ein und dasselbe, doch das Innen und das Außen sind rein illusorisch, sie existieren lediglich als Spiegelungen im Bewusstsein. Erfahrungen im Innen und Außen sind wie auslaufende Wellen auf einem grenzenlosen Ozean. Erfahrungen im Innen und Außen gehören dem Ego und nicht dir! Die Erlebniswelt, die sich im Magnetfeld des Gehirns über die Reizungen der Sinne zusammenfügt, diese innere Erlebniswelt scheint man außen zu leben und zu erleben. Doch wo ist dieses Außen und wo dieses Innen? Deine erlebte subjektive Welt entsteht in deinem Gehirn und ist somit nichts anderes als ein Konstrukt deines Gehirns. Zu dieser inneren Erlebniswelt gehört auch der physische Körper. Durch ihn nimmst du durch die Sinne die unzähligen Objekte, die sich im sich ausdehnenden Raum befinden, wahr. Durch Wahrnehmung stellt sich das Empfinden von Höhe, Breite und Tiefe ein, denn ohne diese drei Dimensionen wäre die Wahrnehmung von Objekten gar nicht möglich. Durch die Funktionalität des Gehirns entstehen Bilder, Geschehnisse und Abläufe, die durch den Verstand interpretiert werden. Durch das Nachdenken und Ordnen dieser Abläufe erhalten die Geschehnisse eine scheinbare, nachhaltige Sinnhaftigkeit. Der Sinn oder die Sinnlosigkeit des Lebens sind nichts als subjektive Empfindungen, nichts als ruhelose gegensätzliche Stimmungen. Wie Tag und Nacht sich abwechseln, so wechseln sich auch Stimmungen und Empfindungen ab. Das Gehirn befindet sich im Kopf, der sich zusammen mit dem Körper und den Objekten in einem Raum befindet. Der Raum, die Objekte und der Körper wiederum befinden sich im Gehirn, denn alle Bilder und subjektiven Eindrücke haben ihren Ursprung im Gehirn. Also das, was du glaubst als Persönlichkeit zu sein und darzustellen, ist lediglich eine Projektion deines Gehirns. Die Gesamtmanifestation ist wie ein Traum und alle Objekte bloße Erscheinungen im Bewusstsein. Es ist ein kosmischer Traum, in dem wir alle geträumt und gelebt werden. Eine gigantische essenzielle Intelligenz, eine unermessliche, allbewusste, behütende Kraft, die alles durchdringt, ist das Essenzielle von *allem, was ist.*

Diese heilige Macht ist frei von Information, Bildhaftigkeit und Körperlichkeit, diese heilige Macht wirkt nicht, und doch bewirkt sie *alles.* Das, was du »mein Leben« nennst, ist das, was sich in deinem Gehirn zusammensetzt, gestaltet und Form annimmt. Sei dessen gewahr, dass das Gestaltete und das Zusammengesetzte das ist, was du in Wirklichkeit *nicht* bist. Subjektiv erschaffst und gestaltest du deine eigene Welt, eine Welt, in der du dein eigenes isoliertes Dasein erlebst. Die Projektion, die Vorstellung, ein Individuum zu sein, das autonom funktioniert und handelt, ist nichts als Illusion. Was subjektiv erschaffen wird, ist eine Tätigkeit des Gehirns, eine Bewegung im Bewusstsein bestehend aus Gedanken, Emotionen und Erinnerungen. Kannst du einen einzigen Gedanken denken, von dem du weißt, dass er noch nie von einem anderen Menschen gedacht wurde? Wie originell ist deine eigene persönliche Welt, die du als getrennt von der Welt der anderen siehst und erlebst? Jeder Mensch scheint in einer anderen, in einer eigenen Welt zu leben und empfindet dies auch so. Im Bewusstsein empfindest du Raum und erlebst Zeit, doch sowohl der Raum wie auch die Zeit sind Teil des subjektiven konzeptionellen Daseins.

Also, wie wirklich und wahr ist deine subjektive Welt, die ja nichts anderes als ein zusammengesetztes Gedankenkonstrukt ist, das sich ständig verändert? So scheint es, subjektiv gesehen, nicht nur eine Welt, sondern Milliarden Welten zu geben, da jeder seine eigene begrenzte Hirnwelt, in der er lebt, erschafft, seine Ego-Welt, in der nur er vorkommt. Schöpfer und Schöpfung sind jedoch eins, in der Totalität sind beide abwesend. Die Totalität kann kein Objekt der Erkenntnis sein – nur etwas Vergängliches kann Objekt der Erkenntnis sein.

DIE ANDEREN UND ICH

Du versuchst die anderen Menschen zu verstehen und analysierst und interpretierst ihre Worte, ihre Gesten und ihr Aussehen. Die daraus gewonnenen Erkenntnisse und Einsichten, den Gesamteindruck und die Wirkung, die sie in dir hinterlassen, fügst du als Informationen in deine eigene Welt ein. Die anderen existieren nur durch die subjektive Wahrnehmung und Interpretation des Ich, denn ohne das Ich gäbe es keine anderen. Durch dein analytisches Denken und den scharf geschliffenen Intellekt eignest du dir fortlaufend eine Flut von neuen Meinungen und Vorstellungen über die anderen und die Welt an. Dadurch verstärkst du deine eigenen Standpunkte und bist fest davon überzeugt, dass du als eine individuelle Persönlichkeit existierst und handelst. Aus dieser starren Perspektive siehst und erlebst du die anderen und auch dich selbst. Diese Art, die anderen und die Welt zu sehen und zu verstehen, scheint wie ein verzweifelter Versuch des Ich zu sein, ständig einen inneren Hohlraum füllen zu müssen, um so dem eigenen Leben Inhalt und Sinn einzuhauchen. Die Sinnfrage scheint die Überlebensgrundlage des Zeitbewusstseins zu sein, denn ohne den projizierten Sinn scheint alles sinnlos.

Wie wirklich sind die anderen und wie wirklich ist die Welt? Wie wirklich bist du, das Ich, das an sich nicht etwas real Existierendes ist, denn »ich« existiert lediglich als Spiegelung im Bewusstsein gleich einer Fata Morgana in der Wüste. In der Totalität gibt es weder dich noch die anderen noch die Welt. Die Welt, die erscheint und vergeht, ist das, was du wirklich *nicht* bist, der Fluss der relativen Existenz bist du nicht. Dessen gewahr zu sein, bewirkt das Verdunsten der konzeptuellen Vorstellung von ich, den anderen und der Welt. »Ent-decke«, wie du durch subjektive Sinnesaktivität eine Vielfalt von Vorstellungen im Gehirn erzeugst, die du als deine eigene Welt wahrnimmst, verstehst und empfindest. Erkenne, wie intensiv du dich mit deinen Wahrnehmungen und Empfindungen beschäftigst und identifizierst. Zu diesen Vorstellungen und Identifikationen gehören auch deine religiösen Prägungen, deine Art, an Gott zu glauben oder nicht zu glauben. Hat Gott diese Welt erschaffen, wenn ja, warum und wann? Hat Gott etwas mit dir und deiner subjektiven Sinneswelt zu tun und ist ER für die Geschehnisse in der Welt verantwortlich? Ist Gott nur das Wort Gott, ein Wort, das von den organisierten Religionen und ihren Traditionen erfunden und überliefert wurde? Hat Gott den Menschen gesagt, dass ER Gott heiße?

Das Wort Gott, dessen sollte man sich bewusst sein, bezieht sich nämlich ausschließlich auf den

Gott der Christen, auf die christliche Glaubenstradition. Andere Glaubenstraditionen haben andere Namen, um das Transzendente – das, was sich nie in Worte kleiden lässt – zu benennen. Das Wort ist nie das Ding an sich, nie das, was man zu erklären versucht oder schildern möchte. Weil du an Worte glaubst und diese als wahr annimmst, haben sie dich gefangen genommen. Du identifizierst dich mit dem Gesprochenen und Gehörten, doch das Gesprochene und das Gehörte sind lediglich Hinweise auf ein Ding oder eine Situation, aber nie das Ding oder die Situation selbst. Ein Beispiel: Das Wort Apfel und die ausführlichen Erklärungen, was genau ein Apfel ist, wie er aussieht, seine Form, seine Farbe, sein Saft usw., diese ganzen Erklärungen, mögen sie noch so umfassend und vielleicht sogar wissenschaftlich sein, sind nie der Apfel selbst. Wie also kannst du dich selbst oder Gott erklären? Das Ich, das Subjekt, ist das Ego. Ohne Subjekt gäbe es kein Objekt, und ohne Objekt würde sich die Frage nach dem Subjekt gar nicht stellen. Das Subjekt kann das Objekt objektivieren, das Objekt jedoch kann das Subjekt nicht objektivieren. Das wahrgenommene Objekt kann nie das wahrnehmende Objekt werden, die Wirkung nie die Ursache. Du kannst ausführlich erklären, was ein Apfel ist, wie er aussieht, seine Farbe und seine Form, doch du wirst nie der Apfel sein und der Apfel nie du. Du kannst ausführlich deinen eigenen Körper beschreiben, wie er aussieht, wie groß er ist, die Farbe deiner Augen, deiner Haare usw. Aber die subjektive Beschreibung deines Fleischkörpers und seiner Attribute kann nie das sein, was du wirklich bist. Du kennst deinen Körper, aber kennt dein Körper dich?

Das Ich kann nur in seiner Funktionalität erkannt und verstanden werden, in seiner subjektiven Aktivität, im Handeln. Doch das Gefühl, der Handelnde zu sein, ist falsch und trügerisch, denn du bist nicht der Handelnde, sondern der Zeuge. Realisiere dies, und erkenne, was du wirklich *nicht* bist! Wenn die Welt eine Wirkung ist, was ist dann die Ursache? Ist Gott die Ursache der Welt? Bewusstsein ist die Grundlage für denkende Kraft und die Sinneskraft. Ohne Bewusstsein wäre nichts, was ist.

Ist Gott Bewusstsein? Das Ewige kann sich nicht in Ursachen und Wirkungen, in Aneignung oder Verlust verstricken, sonst wäre das Ewige vergänglich, das Zeitlose zeitlich und das Unveränderbare veränderlich. Wenn du erwachst, lösen sich alle Gegensätze auf und du realisierst das, was du *ewig* bist: Totalität! Menschen haben etwas Gemeinsames: Alle denken, alle empfinden und alle handeln. So gesehen, ist deine subjektive Welt Teil des gemeinsam Erdachten, des gemeinsam Empfundenen und des gemeinsam Wahrgenommenen. Deine Welt, in der du lebst und wirksam bist, setzt sich aus deinen Wahrnehmungen, deinen Erfahrungen und Empfindungen zusammen, doch alle Empfindungen,

Handlungen und Erfahrungen basieren auf dem Konzept »Ich bin«. Die durch den Verstand erdachten und erschaffenen Resultate nimmst du durch die Sinne wahr. Du erlebst das Erdachte und willentlich Erschaffene und bist dir dessen bewusst. Über das Erdachte und Erschaffene denkst du nach und interpretierst deine Welt fortlaufend von Neuem. Doch deine Interpretation der Welt ist nicht die Welt an sich, so wie die ausführliche Erklärung eines Apfels nie der Apfel selbst ist. Die Gesellschaftsform, in und aus der du lebst, wird durch deinen Verstand immer wieder neu erschaffen und neu geprägt. Die Ideale, die religiösen Konditionierungen, der Wunsch nach Glück und Wohlstand und die damit verbundene Garantie sinnlicher Freuden prägen dein Dasein. Wie jedoch diese sinnlichen Freuden und Wünsche genossen und ausgelebt werden können und dürfen, wird innerhalb festgelegter Richtlinien und Strukturen der Gesellschaftsnormen bestimmt. Erkenne, wie der denkende Verstand funktioniert, und transzendiere das Funktionale. Wie kommt es, dass du dem Verstand so sehr vertraust, da er doch aus nichts anderem als Konzepten besteht? Er ist die Ursache und die Wirkung deines Daseins in der subjektiven Welt und die Ursache für zahllose Missverständnisse, Lieblosigkeiten und das Leiden, das du immer wieder erfährst. Der Verstand treibt pausenlos deine illusionäre Lebensreise durch die Zeit vorwärts, von Geburt zu Geburt und von Tod zu Tod. Deine subjektive Welt und alles, was du glaubst zu sein, setzt sich aus einer gigantischen Menge von Vorstellungen, Konzepten und Missverständnissen zusammen und vermittelt dir das Gefühl, etwas oder jemand zu sein. Deine unzähligen Gedankenkonstruktionen sind Bewegungsabläufe im Bewusstsein, und die gaukeln dir vor, dass die wahrgenommene Welt objektiv wirklich existiere. Doch die Welt existiert lediglich als »Vor-Stellung«, als Spiegelung im Bewusstsein, als Trugbild von etwas, das es in Wirklichkeit gar nicht gibt. Die Buddhisten sagen, alles sei Maya, Illusion. Der Verstand hört Worte, Aussagen, die er kennt und scheinbar versteht, ist sich aber beim Hören und Verstehen nicht bewusst, dass er selbst Teil der Illusion ist. Maya und Illusion sind Worte, die auf eine Unwirklichkeit hinweisen, in die du scheinbar verstrickt bist, doch das, was du *wirklich* bist, hat diese Unwirklichkeit nie betreten, da du Totalität bist. Worte sind nie das beschriebene Ding an sich. Sie sind wie Wegweiser, die versuchen, auf etwas Unerklärbares oder Unwahres hinzuweisen, doch nicht alles ist Illusion. Das universelle Allbewusstsein, die Essenz, in der sich das Illusorische der Erscheinungswelt spiegelt, kann nicht Illusion sein! Das Beobachtende kann unmöglich das Beobachtete sein und das, was sieht, unmöglich das Gesehene. Deswegen kann man nicht sagen, dass alles Illusion sei, denn das, was du *wirklich* bist, ist frei von Illusion. Vielleicht ist die Welt ganz anders, als du glaubst und denkst, da das, was du wirklich bist, hinter den Worten, den Gedanken und Erklärungen ist. Wenn du über die Welt nachdenkst und sprichst, dann ist dies nur möglich, wenn du in Bezug auf etwas Spezifisches außerhalb deiner selbst nachdenkst – ein Objekt oder eine Wahrnehmung, die scheinbar getrennt von dir existieren. Die Welt ist wie ein Schatten auf der Seele, der auf die Oberfläche des Bewusstseins fällt und von der Seele objektiviert wird. Das reine universelle Bewusstsein, das sich durch das riesige kosmische Meer ausdehnt und allen Lebewesen Leben schenkt, weitet sich sogar in den Schlaf und den Atem aus.

Universelles Bewusstsein ist frei vom Ich und frei vom Du, realisiere diese heilige Macht und sei dessen gewahr, was du *ewig* bist. Du nimmst einen subjektiven Standpunkt ein, von dem aus du in Beziehung zu einem spezifischen Objekt stehst, über welches du nachdenkst. Anhand bestehender Kriterien analysierst und beurteilst du das Objekt, und so wird durch das Verstandene und Erkannte eine weitere Information ins subjektive Erinnerungsvermögen eingefügt. Doch weder Erinnern noch Vergessen existieren wirklich, sei dessen gewahr! Durch die wahrgenommenen Objekte wird sich das Ich seiner selbst bewusst, und so wird durch die Bewusstwerdung von unzähligen Objekten die konzeptuelle Idee, ein Individuum, eine Persönlichkeit zu sein, geboren – das erlebende Ich.

Durch das zeiträumlich gebundene Sinnesbewusstsein tritt die konzeptuelle Vorstellung von *mir* und den *anderen* in Erscheinung, und durch diese Dynamik wird eine Wechselwirkung in Gang gesetzt. Die subjektive Willensmechanik des Ich erschafft und verdichtet das konzeptuelle Innen und Außen, doch diese Wechselwirkung ist nichts anderes als ein Mechanismus des Ich und somit das, was du *nicht* bist.

Es gibt also diese Erlebniswelt, die sich im Gehirn durch komplexe chemische Prozesse zusammenfügt, und gleichzeitig einen Reflex, eine Spiegelung, die diese konzeptuelle Innenwelt durch die Sinne nach außen projiziert. Die Innenwelt wird zur Außenwelt und scheint dadurch außerhalb des physischen Körpers zu existieren. Weil das Innere mit dem Äußeren in Beziehung steht, erwächst aus dieser Wechselwirkung Identifikation, und Identifikation ist nur ein anderes Wort für das Ego. Kann das Ich ohne die Welt existieren oder die Welt ohne das Ich? Wenn es das Ich objektiv nicht gibt und Subjektivität nur in Wechselwirkung, als Spiegelung im Bewusstsein existiert, dann stellt sich die Frage: Wie wirklich bist du, und wie wirklich ist die Welt, die du durch die Sinne in Raum und Zeit wahrnimmst und erlebst? Das Ich an sich ist nicht in Zeit und Raum, das Ich erscheint in Zeit und Raum. Das Ich projiziert Zeit und Raum, sie bilden die Grundlage seiner konzeptuellen Existenz. Deswegen ist es nicht möglich, dass das Ich an sich in Zeit und Raum existiert. Das Ich ist die Grundlage der Welt, in der du denkst, fühlst und handelst. Man könnte es als ein multifunktionales Instrument verstehen und wenn du die Funktionalität dieses Instrumentes näher analysierst, entdeckst du, dass es eigentlich nichts anderes als die treibende Aktivitätskraft des Willens ist. »Ich bin« ist diese Kraft, aus der alle Gedanken geboren werden. Diese bestimmende Willenskraft ist die Grundlage deiner Erfahrungswelt, in der du lebst. Was du im Gehirn als Informationen verarbeitest, ist das, was du scheinbar außerhalb deines Körpers wahrnimmst und durch Gedanken und Handeln formst und gestaltest. So könnte man sagen, dass es einen scheinbar inneren, einen unsichtbaren, denkenden und fühlenden Menschen gibt und einen scheinbar äußeren Menschen, der mit dem sichtbaren Körper erklärbar wird. Das innere Phänomen wird zum äußeren Phänomen, das Planende wird zur Form. Der subtile Körperrahmen ist so gesehen das Instrument für die mentalen Abläufe und Sinnesaktivitäten des inneren Menschen. Die universelle, körperlose Macht wird durch die erscheinende Körpergestalt und durch die Sinne und den Verstand begrenzt und verdichtet. So erhält Formloses Form und wird Namenloses benannt. Sei dir bewusst, dass es in der Totalität das wahrnehmende Objekt und das wahrgenommene Objekt nie gab und nie geben wird! Weil der gesamte psychosomatische Organismus nichts als eine phänomenartige Erscheinung im Bewusstsein ist, sind auch der innere und der äußere Mensch nur Phänomene, nichts als vergängliche Sinnesformen. Weil du dich identifizierst, verlierst du dich in dem, was du in Wirklichkeit *nie* warst. Die Tendenz, dich ständig von dir selbst abzukoppeln, wird durch die Funktionalität des psychosomatischen Organismus in Gang gesetzt. Die Bewegungsabläufe im Gehirn projizieren fortwährend die konzeptuelle Vorstellung von Werden und Vergehen und das flüchtige Empfinden von Kontinuität. Die Vorstellung von Werden, Vergehen und Kontinuität bewirkt, dass die Seele in einer mystischen Romanze nach der verlorenen Wirklichkeit sucht, die sie in Wirklichkeit nie verlassen hat. Das, was du *wirklich* bist, kannst du nicht denken, verstehen, erkennen oder erfassen. Nur das, was du nicht bist, lässt sich denken, intellektuell verstehen, erkennen und erfassen. Wie und warum also bemühst du dich so sehr, das zu werden oder zu erreichen, was du *immer bist* und *immer warst*?

Das Fühlende ist nie das Gefühlte, das Erlebende nie das Erlebte und das Ewige nie das Zeitliche. Geburt ist nur eine scheinbare Geste der Ewigkeit, aber nie die Ewigkeit selbst. Die Mechanismen im Gehirn scheinen wie ein freudvolles Wunder, sie bilden die Grundlagen des physischen Lebens in der Welt. Die subjektiven Impulse, die Gestalt annehmen, sind so vielfältig wie die Blätter eines großen Laubbaumes. In der Lebensvielfalt geht das Gewahrsein der Lebenseinheit verloren, und dadurch geschieht eine Art stufenweiser Abstieg aus dem Licht ins Dunkel und aus der Klarheit in die Verwirrung. Das Ego beschreitet einen verhängnisvollen Irrweg, gleich einer blinden Prozession durch Zeit und Raum.

WEISHEIT IST NICHT-WISSEN

Das Gehirn ist ein rezeptives System, ein elektromagnetisches Feld, das Impulse empfängt, verarbeitet und aussendet. Anhand eines konkreten, einfachen Beispiels lässt sich diese dynamische Funktionalität vielleicht besser aufzeigen. Das Gehirn empfängt einen Impuls, der von ihm als Durst wahrgenommen und erkannt wird. Mit diesem Empfinden steigt der Gedanke auf: »Ich habe Durst, ich muss trinken.« Doch hat das Ich, das denkt: »Ich habe Durst«, wirklich jemals Durst gehabt? Eine biologische Notwendigkeit kreiert diesen Impuls im Gehirn und das Ich, die Schaltzentrale, reagiert dementsprechend auf dieses Bedürfnis. Das Ich, der Verstand, interpretiert dieses Durstempfinden als Flüssigkeitsmangel und kommt so zur Schlussfolgerung: Ich muss jetzt trinken, um meinen Durst zu löschen. So wird aus dem Durstempfinden und dem Gedanken »Ich muss trinken« die Handlung des Trinkens. Flüssigkeit wird durch die Mundöffnung in den Körper hineingeschüttet, um dieses zwingende Durstgefühl zu befriedigen und zu besänftigen. Dadurch wird ein Kreislauf geschlossen, denn nach dem Trinken kehrt vorübergehend wieder Ruhe in das psychosomatische System ein.

Ein weiteres Beispiel: Du trinkst genießerisch

ein Glas frisch gepressten Orangensaft, und dies verschafft dir ein genussvolles Wohlgefühl, ein Empfinden von Zufriedenheit. Weil sich dieses Genussempfinden so gut anfühlt, trinkst du gleich noch ein zweites und ein drittes Glas in der Hoffnung, das Gefühl von Zufriedenheit und Wohlbefinden noch zu steigern und zu verlängern. Obwohl es dieselbe Frucht und dasselbe Glas ist, lässt das Gefühl von Zufriedenheit und Wohlbefinden mit jedem getrunkenen Glas rapide nach, und nach dem fünften Glas empfindest du Unwohlsein und unter Umständen gar Übelkeit. Der gesunde Saft füllt nun zwar deinen Magen, doch die Flüssigkeit an sich hat mit dem Gefühl des Wohlbefindens und der Zufriedenheit eigentlich überhaupt nichts zu tun, denn das Gefühl von Zufriedenheit und Wohlbefinden ist weder im Glas noch im Saft noch in der Handlung des Trinkens enthalten. Zufriedenheit ist ein Zustand jenseits des Glases, jenseits des Saftes und jenseits des interpretierten physischen Durstes. Zufriedenheit ist ein Zustand, der nichts mit Denken und dem dynamischen Willen zu tun hat. Du glaubst vielleicht, dass du Zufriedenheit mit Handlungen erzeugen kannst, doch das ist eine große Illusion. Was du durch Handlungen erzeugen und erreichen kannst, ist die Befriedigung der Bedürfnisse, und damit eine vorübergehende Beruhigung im psychosomatischen System, doch diese Beruhigung hat mit wahrer Zufriedenheit absolut nichts zu tun.

Zufriedenheit kommt und geht nicht und ist nicht in Objekten zu finden. Zufriedenheit ist nicht etwas, was du *hast*, sondern was du im tiefsten Sinne *ewig bist*. Zufriedenheit lässt sich nicht in Worten erklären, da Zufriedenheit nicht objektgebunden ist. In schwierigen Lebenssituationen fühlst du dich unzufrieden. Die Umstände, die zu dieser Unzufriedenheit führten, kannst du benennen und beschreiben, doch das, was du wirklich bist, ist jenseits des subjektiven Zeitfeldes und lässt sich weder benennen noch beschreiben oder erklären. Zufriedenheit ist nicht die andere Seite des Zustands, den du als Unzufriedenheit interpretierst. Sei dessen gewahr, die Welt existiert nur in deinem Denken und wenn du das Denken transzendierst, dann transzendierst du auch die Objekte. Wenn dies realisiert ist, *bist* du Zufriedenheit.

Um zu unserem ersten Beispiel zurückzukommen: Durst hatte vorübergehend Unruhe im psychosomatischen System verursacht, und durch die Handlung des Trinkens wurde der ursprüngliche Zustand der Ruhe wiederhergestellt, doch diese Ruhe ist, wie wir gesehen haben, nicht Zufriedenheit. An beiden Beispielen wird ersichtlich, wie eine Vielzahl dynamischer Entzugserscheinungen vom Morgen bis zum Abend Unruhe in deiner Psyche entflammt und wie dadurch unzählige Ängste, Zweifel und Emotionen belebt und dynamisiert werden. Diese Kräfte zwingen dich ständig zum Handeln, denn Unruhe will beruhigt werden. Die zielgerichtete Willenskraft ist das Instrument und die Grundlage aller subjektiven Handlungen. Der Wille, der in die begrenzte Körpergestalt eingebettet ist, unterhält und pflegt das Persönliche, also das, was du dein Leben, dein Eigen und die Welt nennst. Der Wille, der innerhalb seiner eigenen festgelegten Grenzen wirksam ist, hindert den Geist, sich vollkommen offenbaren zu können, denn solange sich der Wille an seine konzeptuellen illusorischen Grenzen klammert, ist und bleibt das Wesen vom Wesentlichen ausgeschlossen. Sei dir bewusst, du bist eine gigantische heilige Kraft, die nichts mit dem psychodynamischen Willen und den subjektiven Projektionen zu tun hat, nichts mit Denken und nichts mit Erinnern und nichts mit der körperlichen Erscheinung. Weil diese heilige Macht nichts mit dem Ego und dem Willen zu tun hat, nennen wir sie spirituell oder geistig. Es ist DAS, was deine Seele umarmt und in die große Stille einfügt. Der Körper ist das Instrument, das es dem Bewusstsein erlaubt, in der Manifestation zu bleiben, doch Manifestation ist nichts anderes als ein imaginäres Konzept. Dies wirklich zu realisieren, löscht alle Identifikationen aus, doch realisieren bedeutet nicht verstehen, sei dessen gewahr.

Das Spannungsfeld zwischen Unruhe und Ruhe ist das Ego. Das Ego ist der Motor für die subjektive Willenskraft, durch die unaufhörlich Kreisläufe aktiv werden. Es sind diese von dir selbst aktivierten mechanischen Abläufe, die deinen Alltag gestalten und prägen. Diese vom Ich regulierten Gewohnheiten machen dich dumpf für die herrlichen Tiefen deines wirklichen Hierseins. Ruhe und Unruhe stellen das Innenleben und den Spielplatz des Egos dar, Stille jedoch ist frei von Unruhe und Ruhe. Stille ist zeitlose Transzendenz und wahre Zufriedenheit, deine egolose Heimat. Mit Sicherheit ist es (siehe das obige Beispiel) nicht der Fruchtsaft, der die großen Probleme erzeugt, sondern deine unzähligen mit Kraft geladenen mentalen Projektionen. Die vielschichtigen Wünsche und Begierden, die unaufhörlich und zwanghaft erfüllt, besänftigt und befriedigt werden wollen, sind offensichtlich die großen Unruhestifter in deinem Alltag. Kann man diese problematischen Kreisläufe beenden? Wenn du dich selbst nicht kennst, dann kennst du die Welt nicht. Doch um das Beenden, das Verdunsten dieser kraftvollen, unheilvollen energetischen Kreisläufe zu bewirken, musst du tief gewahr sein, was du wirklich *nicht* bist. Je tiefer du die Welt in dir durchschaust, desto tiefer bist du dir bewusst, dass die Welt genau das ist, was du wahrnimmst, und dass das Wahrgenommene nicht getrennt vom Wahrnehmenden existieren kann. Transzendiere das Wahrgenommene und den Wahrnehmenden und erkenne, was du wirklich *nicht* bist, denn das, was du *wirklich* bist, warst du *immer*. Das brauchst du nicht zu suchen oder neu zu erfinden. Deine ausschweifenden Gedanken sind wie sich verflüchtigender Rauch, sie haben keine Realität. Entdecke das, was niemals stirbt, und sei glücklich! Die Welt ist bloß eine sinnliche Wahrnehmung und nicht du, da du die Welt nie berührt hast.

ATTRAKTIVE FALLEN

Wenn du von den komplexen Problemen in der Welt sprichst, dann suchst du subjektiv nach Lösungen und schiebst dabei die Probleme, die dich beschäftigen, mental hin und her. Dabei vergisst du, dass man Probleme nicht hat, sondern grundsätzlich die Ursache aller Probleme selbst ist. Durch das Suchen von Lösungen für deine Probleme erhoffst du dir Erleichterung und dadurch problemlose Kontinuität deines Lebens. Unbequeme Hindernisse möchtest du so rasch wie möglich aus deinem Leben beseitigen, damit du in dem dir vertrauten Lebensgefüge weiter funktionieren kannst, in den mechanischen Abläufen, die dein Leben ausmachen und die du deinen Alltag nennst. Das eigentliche Problem jedoch ist das Wollende, denn das Wollende ist der Treibstoff des Egos, und das Gewollte ist sehr vielschichtig und vielfältig. Deswegen nützen spirituelle Übungen und Techniken überhaupt nichts, sie vermehren bloß die Konzepte. Das Einzige, was dabei herauskommt, ist, dass sich das Ego selbst an seiner eigenen Leistung ergötzt und von sich selbst begeistert ist. Alles, was sich durch spirituelle Übungen und Techniken erreichen oder finden lässt, ist mit Sicherheit nicht wirklich, da der Übende selbst illusorisch ist. Was du als Problem empfindest und erlebst, hat ausschließlich mit dir selbst zu tun, denn du selbst bist das Verursachende wie auch das Verursachte. Die Probleme, die du als deine empfindest, wahrnimmst, erlebst und definierst, sind für andere Menschen vielleicht keine, denn sie haben andere Lebensthemen, die sie beschäftigen, also andere Probleme. So wird klar, dass jeder Mensch in seiner konditionierten Ich-Begrenztheit sein eigenes Problem ist! Das Ich scheint wie ein negatives, überlagertes Schaubild einer unbekannten Grundsubstanz zu sein, eine Art Entwurf, der auf der relativen Ebene erscheint und wieder vergeht. Probleme, die auf der psychodynamischen Ebene entstehen, kann man zwar lösen, doch kaum glaubt man, eines gelöst zu haben, sind schon wieder neue da, denn jedes Problem ist mit vielen anderen Problemen vernetzt, verknüpft und verwurzelt. So etwas wie ein einziges isoliertes Problem gibt es im mechanischen Dasein nicht, da sich das organisierte Alltagsleben aus einem riesigen Geflecht von angesammelten Informationen und Missverständnissen zusammensetzt. In diese dynamischen, informativen Energiestrukturen, die dein gesamtes angesammeltes Wissen bilden und formen, sind auch alle deine Erfahrungen eingebettet, denn deine Erfahrungen bilden dein Wissen. Das konzeptuelle Wissen bestimmt die Art, wie du dich, deinen Körper und andere Körper in der Welt siehst und erlebst.

Die Illusion, einen Körper zu haben, eine Form zu sein, überkam dich, weil du vergessen hast, was du *ewig* bist. Durch die illusionäre Körpervorstellung, diese Spiegelung im Bewusstsein, erschaffst du unaufhörlich neue Konzepte und bist überzeugt, dass diese Wirklichkeit seien. Durch die Identifikation mit diesen belebten Konzepten werden das Leiden und der innere Schmerz geboren und dynamisiert. Durch Identifikation vereinigst du dich mit dem Identifizierten und bist eins mit deinen Projektionen und so Spielzeug und Sklave deiner eigenen Gedanken und Handlungen. Deshalb stehst du auf dem bebenden Grund der Ungewissheit, von Zweifeln und Ängsten zermürbt, dem unberechenbaren Körperleben ausgeliefert. Leid und Schmerz empfindest du konkret als eine Art unangenehme Fehlleistung in deinem Leben, als eine Störung und Disharmonie in deinem Dasein. Deshalb suchst du nach Antworten, nach Lösungen und hoffst, dadurch mentale und psychische Druckstellen in deinem Herzen und deiner Seele besser verstehen zu können. Du möchtest diese fehlgeleiteten Informationen, die dich belasten und die sich in deiner Psyche eingelagert haben, so rasch wie nur möglich loswerden. Das Suchen nach Lösungen ruft unmittelbar das Ego auf den Plan, den großen Strategen. Es ist paradox: Das Ego, das selbst die Ursache aller Probleme ist, sucht intensiv nach Lösungen, um die Probleme, die es verursacht hat, zu lösen. Das Ego hofft, mit bekannten und gelernten Strategien, die es im Laufe der Jahre einigermaßen erfolgreich und wirksam zur Lösung von Problemen eingesetzt hat, verworrene und festgefahrene Lebenssituationen wieder zu entflechten. In diesem Suchen nach Lösungen steht jedoch immer das Ich im Zentrum, diese tückische, sich selbst behauptende Energie. Das Ego kennt viele Strategien, die unter anderem auch mit List, Betrug, Bosheit und Aggression geschmückt sein können. Störungen, die durch nicht kontrollierbare Lebensumstände Unruhe ins organisierte Lebenssystem bringen, wecken starke Reaktionen. Eine Flut von Gedanken und Emotionen schießt ins Gehirn, der Verstand wird aktiv, und dadurch findet eine Art innerer Verdichtung statt. Das Ego rüstet sich zum Kampf, es will sein Reich unter allen Umständen verteidigen und erhalten. Das Ich, die egozentrische Schaltzentrale, versucht zu ordnen, zu dämpfen, zu beruhigen, es sucht konzentriert nach Um- und Auswegen.

Das Ich will gemäß seinem magnetisch bedingten engen Dasein eigentlich nichts anderes, als ungestört in seiner kontrollierbaren Daseinssphäre weiterzuleben und weiterzufunktionieren. Doch es ist genau diese ichzentrierte Funktionalität, die die Straße der Zeit erschafft, die Straße, die von der Ewigkeit wegführt in die unbewusste Nacht. Sei dir bewusst, du bist nicht das Funktionelle, sondern dessen Zeuge. Wenn du dies realisierst, dann wirst du dich nicht mehr von Namen und Formen in die Irre leiten lassen und bist deines universellen Hierseins voll gewahr. Das, was du wirklich bist, ist immer neu, immer frisch. Es muss sich nicht erinnern, dass es ist. Das, was du *ewig* bist, ist frei vom Gelernten, frei vom Erinnerten und frei von den Bürden der vielen Erfahrungen. Den Verursacher aller Probleme zu durchschauen, das nennt man Erwachen, und Erwachen bewirkt Einfügen in das, was jenseits des Bewegenden und des Bewegten ist, jenseits aller Funktionalität. Erwachen relativiert und entkräftet den Wahrnehmenden und das Wahrgenommene, das Erlebte und auch den Erlebenden. Die Funktionalität der Gehirnwelt, die Art, wie du die Welt siehst und erlebst, könnte man mit einer Fotokamera vergleichen. Genauso wie man die Kamera auf die Welt richtet, um Eindrücke abzulichten und aufzunehmen, so ähnlich funktioniert Bewusstsein. Bewusstsein ist die Grundlage und das Ich der Motor, der die Kamera einmal in diese und einmal in jene Richtung hält. Eine andere Instanz des Bewusstseins, der Intellekt, lenkt die Bewusstseinskraft so, dass sie weiß, was sie fotografieren soll oder will, welcher Blickwinkel und welche Brennweite gewählt werden müssen.

Die Sinne sind mit der Linse vergleichbar, durch die die Eindrücke fallen müssen, damit sie auf den Film kommen. Der Film, auf dem die Eindrücke festgehalten sind, ist das Erinnerungsvermögen. Wenn der Intellekt weise und vorsichtig in der Wahl seiner Objekte vorgeht, kann er liebliche, schöne, klare und friedvolle Bilder vom Leben aufzeichnen. So wie der Zweck des Fotografierens nicht darin liegen kann, die Linse zu stimulieren, so kann der Sinn des Lebens auch nicht in der Erregung der Sinne liegen. Wenn der Gebrauch der Kamera nicht durch Intelligenz, sondern nur durch die Eindrücke gesteuert wird, die durch die Linse einfallen, dann wird das auf dem Film zu chaotischen und verzerrten Bildergebnissen führen. So wird ersichtlich, wie du durch wahrgenommene Bilder und Eindrücke lebst und wie das Wahrgenommene und das Gewusste dein subjektives Weltbild prägen. Bildeindrücke fügen sich im Gehirn zu einer Filmgeschichte zusammen, in der du selbst Produzent und Hauptdarsteller bist. Bilderwelten werden mit ihren dazugehörigen Informationen und Assoziationen im Gehirn gespeichert und sind geladene, klar definierte, eingelagerte Energiestrukturen, die jederzeit abgerufen und neu belebt werden können. Beginnend im Mutterleib und dann durch dein ganzes Leben hast du eine ungeheure Fülle von verschiedenartigsten Eindrücken und Informationen gesammelt und im Gehirn gespeichert. So gesehen, besteht dein Leben aus der Gesamtsumme deiner Erinnerungen und deines angesammelten Wissens. Das Gewusste ist das Erlebte, und das Erlebte bildet wieder neues Wissen, das wiederum in die Gesamtsumme des Erinnerten eingefügt wird. Die Illusion von Kontinuität und Individualität wird so genährt und verstärkt. Gedankenströme erschaffen und bewegen Welten, sie bestimmen deine Lebensart und gestalten die Lebensform, in und aus der du lebst. Erkenne, wie du aus deinem gesammelten Wissen lebst, das du dir im Laufe vieler Jahre angeeignet hast, und erkenne, wie du dich anhand deines Wissens selbst definierst. Du lebst aus Gedächtnisspuren deiner Vergangenheit und definierst aus diesen deine eigene Zukunft, doch Vergangenheit und Zukunft sind lediglich projizierte Bewegungsabläufe im Bewusstsein.

Im Gehirn scheint es eine unsichtbare Schaltstelle zu geben, an der Vergangenes zu Zukünftigem wird, das Gestern zum Morgen. Doch dieser Schnittpunkt, an dem Vergangenheit sich in Zukunft wandelt, existiert nicht, außer als subjektive Vorstellung, als Konzept. Wenn du dich an Vergangenem oder Zukünftigem orientierst, verlässt du das Unmittelbare, das Spontane, das, was du *wirklich* bist. Wenn du gespeichertes Wissen abrufst, geschieht das immer im Hier und Jetzt. Das heißt, deine Vergangenheit wird reaktiviert und spiegelt sich im Bewusstsein, mitgeliefert wird die Vorstellung einer individuellen Zukunft. So gesehen, ist Gegenwart nur ein anderer Name für das Ego, der Spielplatz, auf dem das Konzept eines individuellen Lebens entsteht. Wie auch immer du deine eigene Zukunft planst, dein Planen geschieht in der Gegenwart, in der Gegenwart, die deine Vergangenheit spiegelt. Es ist wie ein Widerklang im Bewusstsein, aus dem die Welt hörbar und sichtbar wird. Die lieblichen oder düsteren Lebenssymphonien erzeugen Verzückung oder auch Schmerz, doch die wahre Herrlichkeit befindet sich jenseits des illusionären Dirigenten. Die Welt an sich ist etwas Gigantisches, sie ist nicht deine subjektive Weltanschauung, nicht das, was sich als Erlebniswelt in deinem Gehirn zusammensetzt und wieder auflöst, sondern die Essenz von allem, die Essenz, in der alle schöpferischen Möglichkeiten vorhanden sind. Hiersein ist das Unmittelbarste, das, was du wirklich bist. Wenn du erwachst, gestaltet sich das Leben harmonisch, von selbst, ohne Willen, ohne ein Ich. Wenn das Ich verdunstet, fließt Gott ein, und wenn Gott einfließt, ist alles leicht und klar. Erwache, überschreite die inneren Küsten des äußeren Lebens, so kann die Seele in ihre wahre Heimat, in die Transzendenz, in die Totalität zurückfließen.

Egozentrik ist die Ursache aller Lieblosigkeit, aller Missverständnisse, aller Falschheit und der inneren Verkrustung. Der harte Wille ist der Gestalter der Schattenwelt, in der sich das Helle und das Dunkle spiegeln und in der unermesslich starke Begierden gedeihen. Durch sinnliche Impulse und ihre Stimulation wird das Denken aktiv, der Verstand beginnt zu arbeiten und extrahiert Informationen aus dem gespeicherten Wissen. Der Intellekt wägt ab, wie er das Wissen am besten einsetzen kann, und sucht gezielt nach optimalen Handlungsstrategien. So erschafft das Gehirn den Raum, in dem es lebt. Wo ist deine Vergangenheit, wo deine Zukunft, wenn dein Denken inaktiv ist und über nichts nachdenkt? Das Subjekt, das Ich, kann ohne das Objekt nicht existieren, und ohne das Ich gäbe es kein Du und keine Welt, die erscheint und vergeht. Wenn es keine Welt gibt, dann gibt es auch keine Egozentrik und kein Wollen und kein Haben. Die Vorstellung, Besitztümer zu besitzen oder zu verlieren oder an Besitz festzuhalten, löst sich restlos auf. Im Gewahrsein dessen, was du *wirklich* bist, löst sich das auf, was du wirklich *nicht* bist.

Wenn Bewusstsein sich selbst erkennt, nennt man dies Realisation. Das Nutzlose als nutzlos zu durchschauen, nennt man *Selbstverwirklichung*. Wenn du glaubst, mit spirituellen Übungen, Techniken, Ritualen und Meditationen die Ewigkeit finden zu können, dann ist das, als ob du mit einem Gefäß zum Ozean gingest, um damit Wasser zu schöpfen und den Ozean zu leeren. Das Wasser, das in das Gefäß hineingeht, ist lächerlich wenig im Vergleich zum Wasser, das sich im Ozean befindet. Sei dir bewusst: Alle Handlungen sind konzeptuell und sind von konzeptuellen Strukturen geleitet, deswegen sind der Übende und das Geübte illusorisch und nicht das, was du *wirklich bist*. So existieren weder das Gefäß noch der Schöpfende wirklich. Du bist auf der Suche und möchtest finden, doch was genau hoffst du zu finden? Vielleicht dich selbst? Das Konzept des Suchens und Finden-Wollens muss tief durchschaut und erlöst werden. Das, was du *ewig* bist, hat nie irgendwelche Handlungen innerhalb der Dualität ausgeführt, die Mechanik des ichzentrierten willentlichen Handelns ist illusorisch. Ewigkeit kann nie in der äußeren, der subjektiv projizierten Welt gefunden oder erkannt werden. Ewigkeit kann nie durch das Ego analysiert, erforscht und verstanden werden, da Ewigkeit kein Objekt ist. Was ohne Verstehen realisiert wird, verändert sich nie, deshalb nennt man es ewig.

WAS MACHT GOTT?

In der christlichen Glaubenstradition wird Gott bezeugt. Dem Unfassbaren, Namenlosen und Unerforschbaren wurden Eigenschaften zugeordnet und angedichtet, wie: der liebe Gott, der gute Gott, der beschützende Gott, der Gott des Zorns, der Gott der Rache, der Gott des Gesetzes usw.

Durch diese engen, spekulativen, theoretischen und manipulativen Vorstellungen wurde Gott brutal für religiöse und politische Zwecke missbraucht. Dies führte auch dazu, dass im Namen Gottes Millionen Menschen getötet wurden. Sie wurden im Namen Gottes gefoltert, verbrannt, misshandelt, lebendig eingemauert, aus ihren Häusern vertrieben und enteignet. Dies zeigt, wie das Ich das Ewige in die Abgründe der Zeit herunterinterpretiert und für egoistische Zwecke umbiegt, ein Mechanismus, den auch du bestens kennst. Es liegt in der korrupten Natur des Egos, so zu sehen und so zu sein.

Ewigkeit lässt sich nie mit Hypothesen oder Glaubensbekenntnissen erklären oder verstehen, und auch der Wunsch nach rationeller Verifikation bleibt unerfüllt. Dein spirituelles Suchen und Bemühen, Gott, das Ewige, zu finden, basiert einzig auf dem Konzept »Ich bin und ich will«. Ist Gott nur ein Wort, eine Idee, oder ist ER eine Wirklichkeit? Ob es Gott gibt oder nicht, ist eine Frage, die im Verstand geboren wird, doch ist der Verstand überhaupt fähig, eine solche Frage zu beantworten? Sicher ist, das Ewige ist kein Objekt, das man erkennen könnte, denn nur etwas Vergängliches kann ein Objekt des Erkennens sein. So wie die Sonne die Schatten auf der Erde nie berührt, so berührt Ewiges die Welt nie.

Transzendiere den konzeptualisierten Hirngott mit seinen Attributen, lasse deine engen Gottesvorstellungen los, damit ES sein kann! Der denkende Verstand lässt alles entstehen, was ihm genehm ist und ihm dient; er ist ausschließlich auf sich selbst bezogen, das ist seine Natur. Wenn der Verstand und seine Funktionalität tief durchschaut werden, löst er sich auf und mit ihm alle innewohnenden Vorstellungen. Wenn dies geschieht, verwirklichst du wahren Frieden, die große, herrliche Stille.

WIE WEITER?

Gibt es für den Gottsuchenden einen Weg, der ihn aus der Ich-Begrenzung in die Ewigkeit führt? Du möchtest wissen, was du konkret tun musst oder tun kannst, um das ewige Selbst verwirklichen zu können? Du möchtest Anweisungen und Belehrungen, doch jede positive Handlung, mag sie noch so spirituell sein, ist immer nur ein Teilausdruck des wollenden Egos. Meditation kann nicht ohne den Meditierenden, Übungen können nicht ohne den Übenden stattfinden. Alle von dir erlernten spirituellen Übungen und Techniken sind nichts als übernommene Konzepte und Strategien. Sie beinhalten klar definierte Ziele und Erwartungen, denn du meditierst nie grundlos und absichtslos, das Ego ist und bleibt in irgendeiner Weise aktiv. Durch spirituelles Handeln und Üben wird das spirituelle Ego nur auf Hochglanz poliert.

Im Wachzustand scheinen der Meditierende und die Meditation zu existieren, doch den Wachzustand, der auf Zeit und Raum beruht, gibt es in Wirklichkeit nicht. Im Ewigen hat es nie einen Anlass zum Handeln gegeben, da der Handelnde im Ewigen nie existiert hat. Ewiges beruht nie auf Äußerem, nie auf Ursachen und nie auf Handlungen. Spirituelle Disziplinen bringen gute Früchte, sie helfen dem Menschen, sich zu konzentrieren, achtsam zu sein und seine Mitte zu finden, doch diese Mitte gibt es in Wirklichkeit nicht. Jede Disziplin bewirkt eine Disziplinierung des Egos, mag sie noch so spirituell sein, denn das Ego selbst ist der Übende und das Geübte, der Lernende und das Gelernte. Erfahrungen, die du durch deine Sinne machst und erlebst, sind weder deine noch du. Das Ego selbst kann und wird sich nicht durch die von ihm selbst erfundenen und erlernten spirituellen Praktiken auflösen. Sie bewirken lediglich eine Harmonisierung des begrenzten Ich-Phänomens. Das Ego wird ruhiger, zentrierter und liebevoller, doch das Fundament aller Täuschungen und Verwirrungen bleibt bestehen. Solange du es dem Ego erlaubst, spirituelle Techniken und Disziplinen zu erlernen und zu üben, so lange bleibt die Illusion eines Handelnden, den es in Wirklichkeit nicht gibt, bestehen. Solange es einen Suchenden gibt, wirst du das, was du suchst, nie finden! Hinter philosophischen Theorien und spirituellen Übungen versucht das Ich, seine Schatten und düsteren Leidenschaften zu verbergen oder zu rechtfertigen. Es schmückt sich liebend gerne mit dem Mantel des Wissens und mit schönen Worten.

Gewahrsein, in dem es kein Wollen gibt, bewirkt Erlösung von dem, was ständig mit Aneignung oder Abwehr beschäftigt ist. Wenn das Konzept der Täterschaft verdunstet, verdunstet das Ich.

So wird der Fluss zum Ozean, zum Ozean der Stille. Stille kennt keinen Anfang und kein Ende und ist frei von Raum und Zeit. Stille ist das Wesentliche, denn Stille ist frei vom Unwesentlichen und frei vom egozentrischen Lärm. Stille ist nichts Persönliches, nichts, das man hat, sondern ist das, was man *ewig* ist. Stille jedoch, die als Stille wahrgenommen wird, ist *nicht* die *wahre* Stille.

Das organisierte und strukturierte Leben, das in sich selbst beschränkt und begrenzt ist, kennt wahre Stille nicht. Sei dessen gewahr, dass alles, was du kennst, sich von dem unterscheidet, was du bist! Die Persönlichkeit, das Ich, ist wie ein Schatten der Sonne und hat somit kein reales eigenständiges Dasein. Schatten werden länger und kürzer und wandern über die Erde, irgendwann lösen sie sich auf und verschwinden. Obwohl die Sonne die Ursache für die Phänomene der Schatten ist, wird sie von den Schatten nie berührt, sie ist und bleibt immer schattenlos. Genauso verhält es sich mit der Stille und der Persönlichkeit – oder mit Gott und der Welt. Du bist anfangslose, zeitlose Stille, das ewige Selbst. Also sei, *was du ewig bist*!

Wissen und Erinnern sind aus der Zeit geboren und somit das, was du *nicht* bist. Das, was du wirklich bist, ist frei von Vergangenheit und frei von Zukunft, das große Geheimnis. Wenn du erwachst, dann wird in diesem Gewahrsein die gesamte konzeptuelle Welt durchschaut, und dieses Durchschauen bewirkt das Verdunsten aller Missverständnisse. Geburt, Körper und Tod werden als konzeptuelle Vorstellungen durchschaut, als Überlagerungen des Bewusstseins. Manifestation und das Unmanifestierte sind eins, einzig der Verstand trennt sie! Das zu realisieren ist Erwachen, doch Erwachen gibt es letztendlich gar nicht, es gibt nur Selbstverwirklichung.

WOHIN GEHST DU UND WARUM?

Was ist das Suchen nach Lösungen und was ist Erlösung? Das Empfindende in dir erahnt die Grenzenlosigkeiten des wirklichen Seins, doch der alte Zweifler beharrt auf seinen starren rationellen Ansichten. Er ist von der Wirklichkeit der materiellen Hüllen überzeugt. Die Welt, die an subjektiven Vorstellungen angenagelt ist, lässt sich nicht durch subjektive Lösungen überwinden und auch nicht durch künstlich fabrizierte Tugenden.

Das Ich, das, wie wir bereits wissen, alle Probleme verursacht, sucht nach Lösungen, die Korrekturen ermöglichen. Dazu wird der Spezialist, der Verstand, der große Stratege aktiv. Die erlernten Lebensstrategien und Mechanismen werden systematisch aus dem Erinnerten hervorgeholt, die Informationen analysiert, überdacht, reaktiviert und gemäß der gegebenen Situation eingesetzt. Um Lösungen zu finden, sucht und geht das Ich gemäß dem begrenzten konditionierten Verstandesbewusstsein immer die gleichen Wege, denn das Erlernte und das Bekannte vermitteln ein Gefühl von Sicherheit in der Unsicherheit. Doch der Verstand, der das Instrument des Egos ist, kann sich selbst nicht erlösen und überwinden, so wenig, wie du dich selbst auf deine eigenen Schultern setzen kannst. Der Verstand übernimmt eine Menge Konzepte, zu denen auch unzählige spirituelle Übungen und Rituale gehören. Sie wurden vom Verstand erfunden und vom Verstand in die Tat umgesetzt, doch solange der Verstand aktiv ist, gibt es Dualität. Erst wenn der Verstand transzendiert ist, leuchtet die ewige Wirklichkeit. Wer erwacht, sucht nicht mehr nach Lösungen, sondern durchschaut das Ego, das verursachende Prinzip aller Probleme. Dadurch wird das Lösungssuchende erlöst. Das Durchschauen der Ich-Dynamik hat zur Folge, dass das Bewusstsein vom Ballast der konzeptuellen Missverständnisse und Täuschungen erlöst wird, und so realisierst du das, was du wirklich nie warst! Unmittelbares Durchschauen der Funktionalität des Egos und seiner Wirkungssphäre bewirkt also Erlösung von den Lösungen, denn Lösungen sind auf der psychodynamischen Ebene nichts anderes als Überlebensstrategien, und diese dienen einzig dem Überleben im Leben. Die vom Ego programmierten subjektiven Lebensabläufe erschaffen und erhalten das, was du als Welt siehst und erlebst, das, mit dem du dich identifizierst.

Erlösung ist die irreversible Auflösung des gesamten begrenzten Daseins und das Einfügen in die unbegrenzte, todlose Existenz. Erlösung geschieht im Nicht-Wollen und Nicht-Wirken und nicht durch Bemühen. Ewiges Hiersein kann unmöglich in Menschenworten erklärt werden, denn Totalität ist für den instrumentalisierten Verstand völlig unfassbar und unbegreifbar. Nichts kann getrennt von dir existieren, denn alles, was existiert, bist du – die universelle, lebenspendende Essenz! Das, was du innerlich suchst und zu finden hoffst, wirst du nie finden, da der Suchende an sich hohl und unwirklich ist.

DYNAMISCHE GEHIRNWELT

Im konditionierten Verstand wird der Gedanke vom eigenen Tod geboren, und dieser eine Gedanke wirft tausend Schatten. Diese Schattenkräfte, die sich in Form von dynamischen Ängsten, Unbehagen und Verunsicherung schleichend in der Gehirnwelt ausbreiten, beherrschen und kontrollieren das emotionale Menschsein, also deinen Alltag. Die unabwendbare Gewissheit, dass alle Lebewesen in der Welt sterben müssen, hat sich wie eine schwarze, unüberwindbare Wand in deinen Verstand eintätowiert. Diese erschütternde Tatsache würzt das Leben mit viel Leid und schmerzvollen Tränen, denn der Tod, dieser bittere Kelch der Zeit, mischt dem farbenfrohen Leben düstere Farben bei.

Das Wissen, dass du alle Menschen und alles, was du lieb hast, von einem Moment auf den anderen für immer verlassen musst, dieses Wissen liegt wie ein schwerer schwarzer Schatten auf der Seele. Dass du deinen vertrauten Körper endgültig verlassen musst und dieser dann steif und kalt in der Erde vermodert oder im Feuer zu Asche verbrannt wird, diese konkreten Gedankenbilder versetzen den Verstand in einen Schockzustand. Es sind Gedanken, über die du lieber nicht nachdenken möchtest, deswegen sei jetzt tief gewahr, dass der Körper nicht mehr als ein Gedanke ist. Du versuchst den Gedanken an deinen eigenen Tod zu verdrängen, weit von dir wegzuschieben und in die Zukunft zu verbannen, und nimmst vor allem den Tod und den Abschied anderer Körper zur Kenntnis. Du verhältst dich so, als hätte der physische Tod eigentlich nichts mit dir zu tun. Dieses Verhalten ist eine äußerst erfolgreiche Überlebensstrategie des Egos, denn es möchte alles, außer zu sterben. Irgendwann im Laufe deines Lebens taucht die Thematik deines eigenen endgültigen Abschieds von der Welt auf, und der Verstand findet keine konkreten Antworten und Lösungen zu diesem nicht vertrauten Thema. Ein dunkles Loch klafft im Verstand. Dieser unermessliche und unfassbare Raum, an dem alle menschlichen Gedanken anstoßen, überfordert das beschränkte menschliche Wissen. Gedanken an die letzten Momente im Körper, an den letzten Atemzug im Fleisch, an das Ende deines Lebens auf der Erde, diese Gedanken erzeugen ein sonderbares Unwohlsein und gleichzeitig auch eine eigenartige Faszination. Der Tod scheint wie eine gewaltige eiserne Umarmung zu sein, aus der sich die Seele befreien möchte. Deshalb stirb, bevor du tot bist!

Gibt es ein Leben nach dem Tod? Wenn ja, wie wird das sein? Wirst du irgendwann wiedergeboren werden? Wenn ja, wie, wo, wann und warum? Das Ich sucht fieberhaft nach Anhaltspunkten im Unsichtbaren, nach Beweisen für ein Weiterleben nach dem physischen Tod. Gedankenenergien suchen und prüfen allerlei Möglichkeiten und Erklärungen, suchen intensiv nach Hinweisen und Chancen für eine Existenz außerhalb des physischen Leibes, jenseits des Grabes. Weiterleben ist die Motivation des Suchens, verknüpft mit der Hoffnung, nach dem Tod in eine unbekannte geistige Welt einzugehen und dort weiterzuleben. Dies scheint ein spirituelles Fernziel des suchenden Ich zu sein. Doch alles Suchen und Hoffen ist und bleibt rein oberflächlich, denn dein Suchen ist nur aktiv, weil du dich mit der Form deines vergänglichen Körpers und den Formen aller anderen vergänglichen Körper identifizierst. Du bist nicht gewahr, dass dein Körper wie auch alle anderen Körper bloß als Ich-Vorstellungen im Bewusstsein existieren. Da du bereits jetzt Totalität bist und nie etwas anderes warst, wo willst du hin?

OHNE GEBURT

Wann hast du begonnen zu suchen? Wann hat dein Leben begonnen? Mit deiner Geburt? Warst du bei deiner Geburt dabei? Hast du dich, nachdem du geboren warst, umgeschaut und gedacht: »Jetzt bin ich geboren, das da ist meine Mutter, der dort drüben ist mein Vater und der andere der Arzt«? Warst du dir bewusst, dass du geboren wurdest? War es dein Wunsch oder dein Entschluss, geboren zu werden? Du hast überhaupt keine Erinnerungen an die Momente deiner Geburt und auch nicht an die Wochen danach. In deinem Gehirn existieren dazu keine konkreten gespeicherten Informationen. Es gibt nichts, an das du dich konkret erinnern könntest. Weil du überhaupt keine Erinnerungen an deine eigene Geburt hast, gibt es schlussendlich für dich keinen objektiven psychologischen Beweis, dass du geboren wurdest. Trotzdem sagst du, ich wurde geboren. Du bezeugst etwas, das du aus dir selbst heraus objektiv gar nicht wissen kannst, da du vom Geburtsereignis keine einzige Erinnerung hast. »Ich wurde geboren« basiert einzig auf deiner Identifikation mit dem Körper. Scheinbar war die Geburt eine Erfahrung ohne den Erfahrenden. Man hat dir später erklärt, dass du geboren wurdest, aber wurdest du wirklich geboren oder nur dein Körper, der aus dem Genmaterial deiner Eltern besteht? Du bezeugst die von dir wahrgenommene Welt und auch deinen Körper, ohne dir bewusst zu sein, dass die gesamte wahrgenommene Weltkulisse in sich hohl ist und keine objektive Wirklichkeit besitzt. Das Subjekt wie auch das Objekt existieren bloß als Vorstellungen im Bewusstsein. Der Verstand bedeckt die untrennbare Totalität, und dies bewirkt, dass du das, was du *wirklich* bist, nicht realisieren kannst und dir deines wahren Hierseins im ewigen Jetzt nicht bewusst bist! Dass du geboren bist, hat man dir erst viele Monate später erzählt, und dass du sterben wirst, Jahre später. Du hast keine objektiven Erinnerungen an deine Geburt. Du bist in die Welt gekommen, ohne zu wissen, dass du gekommen bist. Also, was ist dieses Ich, das sagt: »Ich wurde geboren und ich werde sterben«? Wie wirklich sind dieses Ich und der Körper?

Totalität ist untrennbar, deshalb kann Totalität nie die verschwommene Ich-Welt sein, diese Ich-Welt, die in Wirklichkeit nicht existiert. Dass du geboren wurdest, basiert auf deiner Vorstellung von zwei fremden Körpern, die du als deine Eltern bezeichnest, doch sie und du existieren lediglich konzeptuell – als Spiegelungen im Bewusstsein. Werde dessen gewahr, dass das, was du *wirklich* bist, formlos, zeitlos und jenseits aller Beschreibungen ist, ewig ungeboren. Nie bist du gekommen, nie gegangen, das Körperhafte ist das, was du wirklich *nicht* bist. Du analysierst deine eigenen Gehirnkonstruktionen, Ausschnitte von dem, was du glaubst zu sein, und identifizierst dich mit dem, was du analysierst. Was sich in deinem Gehirn als Erlebniswelt zusammenfügt, geschieht auf Grund der Stimulation und Funktionalität der Sinne. Durch Gehirnaktivität wird das scheinbar Innere zum scheinbar Äußeren und das scheinbar Äußere zum scheinbar Inneren. Innen und außen bedingen einander. Du jedoch bist in Wirklichkeit untrennbar, und im Untrennbaren gibt es weder ein Innen noch ein Außen. Du existierst, weil es die Totalität gibt, und die Totalität, weil es dich gibt. »*Ich und der Vater sind eins*«, so hat Meister Jesus es vor zweitausend Jahren erklärt. Was innen und was außen ist, was kommt und geht, ist nichts anderes als ein Spiel der Unwissenheit. Alles Wissen endet im »Unwissbaren« und alle eitlen Bemühungen des Ich in der Verwirrung.

Du suchst in der begrenzten Gehirnwelt nach dem Sinn deines Lebens und stellst dabei vieles infrage. Nur das Ich selbst stellst du nicht infrage, denn das Begrenzte ist dir vertraut und das Unbegrenzte nicht. In deiner Gehirnwelt hast du Himmel und höchste Höhen erreicht und bist in die dunkelsten Tiefen abgestiegen, doch nie hast du dabei die Relativität des erlebenden Ich infrage gestellt. Solange du in Ideen und Vorstellungen verfangen bist, kannst du dich nicht »ent-wickeln« und den Unsinn der Sinnfrage durchschauen. Im Laufe deines Lebens hast du unzählige gute, schlechte, traurige und erschütternde Erfahrungen gemacht, die in ihrer zwingenden Intensität dein Leben und die Art, wie du die Welt wahrnimmst und verstehst, immer wieder von Neuem tief beeinflusst und geprägt haben. Das eigentliche Problem dabei ist, dass du dir nie bewusst warst, dass der Wachzustand, in dem du alles erlebst und erfährst, unwahr und unwirklich ist. Deine wahre Herrlichkeit, deine wahre Heimat ist dort, wo du subjektiv aufgehört hast zu existieren. Wenn das Begrenzte gelöscht ist, ist unbegrenztes Hier, und wo »Ich« weggeht, strahlt Gott. Solange der Verstand aktiv ist, herrscht Chaos, Verwirrung, Dualität. Ist er transzendiert, leuchtet ewige Wirklichkeit. Durch viele durchlebte und durchkämpfte Lebenserfahrungen und die Identifikationen mit diesen Ereignissen entstanden eine Unmenge Missverständnisse, Verwirrungen und konzeptuelle Bindungen. Doch ohne die Vorstellungen von Mein und Dein, von Ich und den Anderen wären diese subjektiven Geschehnisse und Projektionen nie möglich gewesen. Sei dir bewusst, dass das, was du *ewig* bist, nie etwas erlebt oder erfahren hat und nie gehandelt hat. Erwache und entdecke, dass es diesen besonderen Platz, an dem du dein eigenes abgeschirmtes und privates Leben führst, in Wirklichkeit nie gab, da du nie in dieser Welt erschienen bist und die Welt nie berührt hast. Du bist ichlos, formlos, todlos – leuchtende, unvergängliche Herrlichkeit.

Der Körper wird vom Verstand projiziert, und der Verstand hat seinen Ursprung im Bewusstsein. Der Denkende ist die Ursache für die Gedanken, er ist die Ursache für die in Erscheinung tretenden Wirkungen. Der Körper, der Verstand, Raum und Zeit existieren zwar im Bewusstsein, doch sie besitzen keine eigene Realität, da sie bloße Spiegelungen im Bewusstsein sind. Durchschaue deine alten, falschen und starren Identifikationen! Lasse sie verdunsten – wenn nicht jetzt, wann dann?

Dass es in deinem durch Denken erschaffenen Leben so etwas wie Sicherheit und Stabilität geben könnte, ist illusorisch, das weißt du. Der psychosomatische Organismus ist wie ein Schatten der Sonne, er hat keine eigene Wirklichkeit. So verhält es sich auch mit der Sicherheit und der Stabilität. Du hast vergessen, wer du *wirklich* bist, und hältst dich deshalb für den Körper und den denkenden Verstand. Das ist die Kernursache deiner Verwirrung und deines Leidens. Die Gesamtsumme deiner Lebenserfahrungen ist als ein gigantisches Netzwerk von Informationen und Energien in deinem Gedächtnis eingelagert und gespeichert. Aus diesem riesigen Reservoir von dynamischem Wissen bildet sich dein Lebensfeld, entsteht deine Welt, in der du lebst und in der nur du vorkommst. In diesem engen inneren Grenzland schmiedest du Pläne und Strategien für deine Zukunft, doch hinter deiner gestalteten Weltfassade verbirgt sich ein ruheloser, verwirrter Geist – du!

Durch die Sinne nimmst du die Welt wahr und identifizierst dich mit dem Gesehenen, doch das Gesehene wie auch das Sehende sind genau das, was du in Wirklichkeit *nicht* bist. Dein subjektives Wirkungsfeld, das du ständig neu interpretierst, beruht auf der Aktivität des arbeitenden Verstandes. Da aber der Verstand an sich keine reale eigenständige Existenz hat, hat auch das subjektive Wirkungsfeld keine reale Existenz. Das Gute und das Schlechte gehören dem Verstand und nicht dir, also beschäftige dich nicht mehr mit dem Guten und dem Schlechten, dem Gesehenen und dem Sehenden. Sei einfach das, was du *wirklich* bist! Das, was du *wirklich* bist, ist unkompliziert. Also verkompliziere nicht unnötig dein Hiersein. Das gespeicherte Wissen wird im Gehirn fortlaufend ergänzt, korrigiert und verbessert, und das wiederum ermöglicht und eröffnet dem mentalen Feld das Erleben und Sammeln von immer neuen Erfahrungen und Aktivitäten. Die erlebten Erfahrungen erweitern und ergänzen das subjektive Wissen, und so werden im Laufe des Lebens gigantische Mengen von Missverständnissen und illusionären Vorstellungen ins Gedächtnis eingeprägt und belebt. Deine Gedanken und Vorstellungen ändern sich ständig, doch du bist immer derselbe. Deswegen betreffen Geburt und Tod nur den Körper und nicht dich.

Du bist voll in dein dynamisches Alltagsgeschehen eingebunden und damit beschäftigt, deine vielseitigen Aufgaben und Verpflichtungen innerhalb der Strukturen der Gesellschaft zu erfüllen. Dieses Aktivsein funktioniert in gelernten und vertrauten Mechanismen und ihren Abläufen, und diese gewährleisten vor allem eines: das Empfinden von Kontinuität. Du fürchtest dich vor Unvorhergesehenem und tust alles, damit dieses Empfinden von Kontinuität nicht unterbrochen wird und das fragile Gefühl von Stabilität und Sicherheit nicht gestört wird. Der Verantwortungsdruck, der mit den vielen verschiedenen täglichen Tätigkeiten verbunden ist, zeigt die unterschiedlichsten Wirkungen: Angst, dass man das, was man besitzt, wieder verliert, auch den Körper. Angst zu versagen oder nicht zu genügen oder nicht geliebt zu werden. Angst, Schwächen zu zeigen, Angst vor einer unsicheren Zukunft, Angst vor dem Leben, Angst vor dem Tod, Angst vor der Angst.

Obwohl du eigentlich aus eigener Erfahrung weißt, dass sich in deinem Leben ständig alles verändert und bewegt, versuchst du unaufhörlich, Stabilität ins Unstabile zu bringen und das Sichverändernde unveränderlich zu machen. Die Willensaktivität, die dies krampfhaft immer wieder von Neuem versucht, bleibt erfolglos. Es ist, als ob man Wasser mit der Hand festhalten möchte. Wenn du erwachst, enden alle Bestrebungen, Bemühungen und Missverständnisse.

Der Verursacher aller Konflikte und Ängste löst sich im Erwachen in nichts auf. Er war nie etwas anderes als nichts! Die Wesenheit, die du glaubst zu sein, existiert nur als überlagerte Vorstellung im Bewusstsein. Alles, was du erlebst, ist weder dauerhaft noch wirklich und wird nur aufgrund von Täuschung von dir als wirklich und wahr empfunden.

ENDLICH TOT

Dein Leben definierst du, indem du die Abläufe deines sich ständig verändernden Daseins immer neu interpretierst und dich mit den Interpretationen identifizierst. Im dynamischen Feld der subjektiven Denkkräfte vibrieren die illusionären Vorstellungen von Haben und Verlieren, von Mein und Dein, von Leben und Tod. Dabei vergisst du, dass die trägen mechanischen Alltagsabläufe, alle Gedanken und alle Handlungen deines Lebens einzig auf dem Konzept »Ich bin« basieren. Wenn du diese trivialen mentalen Abläufe des Ich durchschaust, dann fällt der alte König von seinem Thron, das heißt, der Tod stirbt sich selbst. Nie hat es eine Erfahrung und einen Erfahrenden gegeben, nie einen Wissenden und nie etwas Gewusstes. Was wirklich ist, bist du: ungeboren und ungeformt, Stärke ohne Kraft, Licht aller Lichter!

Wo beginnt der Tod und wo endet das Leben? Der Tod ist dasselbe wie das Leben, da ja nichts getrennt von dir existieren kann. Leben und Tod sind wie die zwei Seiten derselben Münze; je nach Betrachtung siehst du unterschiedliche Bilder und Symbole, die du interpretierst und zu verstehen suchst. Der Verstand versucht sich selbst zu erforschen und befasst sich mit dem, was kommt und geht. Dieses Forschen ist das

Bemühen des Egos, doch weder das Forschen noch das Erforschte sind dauerhaft, dennoch hältst du aufgrund von Täuschung das Erforschte für wirklich. Das Ego ist ein Schattenkönig, der erfolgreich aus sich selbst heraus seine Weltenbühne erschafft, um sich darauf darzustellen. Doch sein Spiel und sein Reich sind nichts anderes als eine Komödie der Ignoranz, da es in Wirklichkeit weder den Darsteller noch das Dargestellte gibt. »Ich lebe«, »ich werde tot sein« sind fabrizierte konzeptuelle Vorstellungen des Ich, und dieses Ich existiert bloß als Erscheinung im Bewusstsein. Leben und Tod sind Konzepte, die von dir immer wieder von Neuem mental aufgeladen werden. Du belebst sie, weil du fest davon überzeugt bist, der Körper zu sein. Du glaubst, dass du jetzt lebst und irgendwann später tot sein wirst. Du sprichst von Leben und Tod so, als würden sie wirklich existieren.

Du hauchst diesen Vorstellungen immense Kraft ein und identifizierst dich mit diesen Projektionen. So erschaffst du erfolgreich aus etwas Illusorischem etwas scheinbar Wirkliches. Der gesamte Weltenkörper, die Fessel deiner Sinne, existiert nur in deinem Verstand, und der Verstand ist nichts anderes als der Gedanke »Ich bin«. Dein Verstand ist hypnotisiert von den eindrucksvollen Bildern und Abläufen in der Welt, doch das, was du durch die Sinne wahrnimmst, ist nichts als der Traum eines Träumenden. Also erwache und verstricke dich nicht mehr in mentale Abläufe und Vorstellungen. Sei dich selbst! Das Ich ist in große kollektive Illusionen eingebunden, in mächtige dynamische Kräfte. Im Ozean von Gedanken und Emotionen wird das gemeinsame Entstehen, Blühen und Vergehen wahrgenommen und erlebt. Verstrickt in diese gigantischen belebten Kräfte, scheint es für dich schwierig zu sein, diese überwältigend starke Illusion zu durchschauen und zu erkennen, dass alles Kommen und Gehen, Leben und Tod lediglich als Bewegungen im Gehirn existieren und von dir in Raum und Zeit wahrgenommen und bezeugt werden. Reines Gewahrsein berührt die Welt nie, da der Zeuge des Bewusstseins vor diesem ist. Was warst du, bevor der Gedanke »Ich bin« erschien? Das Ewige spiegelt im Bewusstsein eine Form, obwohl im Ewigen nie etwas Erschaffenes gewesen ist. Es ist, wie wenn sich im kühlen Licht des Vollmonds eine Landschaft im Wasser eines klaren, stillen Bergsees spiegelt. Doch der Mond selbst hat kein Licht, er wird von der Sonne beschienen. Weder die Sonne noch der Mond noch der See und die Landschaft, die sich im See spiegelt, existieren wirklich, da es den Wachzustand, in dem dies wahrgenommen wird, gar nicht gibt. Nichts existiert wirklich hier, und trotzdem gibt es ein solches Chaos in der Welt.

Der Tod hat keine objektive Wirklichkeit, da es das Ich, das ihn erleben könnte, gar nicht gibt. Das illusionäre Ich projiziert einen illusionären Lebenslauf, in den auch das Konzept des Todes eingebettet ist. Die Verkörperung, die die Grundlage für die vielen wechselvollen mentalen Konstrukte ist, hat keine eigenständige Wirklichkeit, da sie ja auf nichts anderem als der konzeptuellen Vorstellung »Ich bin« basiert. Du fürchtest dich vor dem Tod, du fürchtest dich vor dem Leben, du fürchtest dich vor deinen eigenen Projektionen. Du fürchtest dich vor der Furcht selbst. Durchschaue diese illusorischen und spekulativen Annahmen und stirb, bevor du tot bist. Löse dich aus der dumpfen Illusion, eine Form zu sein, eine Gestalt zu haben, und realisiere das, was du *ewig* bist. Du warst nie unvollkommen, da du die Welt nie berührt hast. Also sei so, wie du bist – frei von Täuschung und Identifikation. Die im Bewusstsein erscheinende Welt ist ein Schauspiel der Sinne, das im Gehirn produziert wird. Deine vielen durchlebten Erfahrungen und das gesammelte Wissen innerhalb dieses Schauspiels sind als potenzielle Kräfte im Gedächtnis gespeichert. Aus dieser Erinnerungsquelle extrahiert das Denken Informationen; der Denkende und das Gedachte erscheinen im Bewusstsein. Dieser Vorgang ist eine dynamische Bewegung im Gehirn, die Bewegung, die schattenhafte, illusionäre Meere in Gang setzt und belebt. Durch subtile willensgesteuerte Denkbewegungen setzt sich dein subjektives Leben immer wieder neu zusammen und erschafft dadurch das illusionäre Empfinden, dass das Leben immer weiterginge. Die dynamische Willenskraft kann nur im begrenzten Aktionsradius des Gewussten und des subjektiv Wahrgenommenen wirksam sein. Willenskräfte sind nur in der Egowelt wirksam, und durch ihre Aktivitäten verstärken sie die endlichen Schatten. Die triebgebundenen egozentrischen Kräfte sind die Verursacher aller Verwirrungen, aller Leidenschaften und aller Ängste. Sie binden die Seele an den Schatten des Todes. So taucht die getäuschte Seele in die Umrandungen des Todes ein und glaubt, dass sie Leben und Tod wirklich erlebe. Wenn der Handelnde durchschaut wird, dann endet die Herrschaft des Wollenden, und zeitloser Friede wird offenbar. Das, was Gestalt angenommen hat, kehrt ins Gestaltlose zurück und geht im Ozean unsterblicher Herrlichkeit und heiliger Leuchtkraft auf. Die Abläufe von Gedanken und Wahrnehmungsprozessen, dein gesamter Lebensweg, spiegeln sich im Bewusstsein. Nichts kann getrennt oder außerhalb des Bewusstseins existieren oder geschehen. Weil aber Bewusstsein »Ich bin« ist, liegt das, was du *wirklich* bist, hinter dem Bewusstsein, wobei »hinter« nicht dreidimensional verstanden werden darf. Werde gewahr, dass du die überlagerte, illusorische Ich-Erscheinung, die sich im Bewusstsein spiegelt, nicht bist. Spiegelung setzt einen Wahrnehmenden voraus, der die Spiegelung als Spiegelung objektiviert, und ein

Bewusstsein, das sich dessen bewusst ist. Dein Körper und die Welt existieren nur in deinem Denken. Der denkende Verstand denkt über wahrgenommene Objekte nach, die in Wirklichkeit gar nicht existieren.

DEINE VERGANGENHEIT HAT KEINE ZUKUNFT

Deine Vergangenheit denkt nicht über dich nach, du denkst über deine Vergangenheit nach. Deine Zukunft denkt nicht über dich nach, du denkst über deine Zukunft nach. Dein Körper denkt nicht über dich nach, du denkst über deinen Körper nach. Nachdenken geschieht immer in der Gegenwart, Gegenwart ist das Gesicht der Vergangenheit. In den Bewegungen des »Nach-Denkens« werden die Traumvorstellungen von einem Gestern und einem Morgen geboren und die konzeptuellen Vorstellungen von Leben und Tod. Die Gegenwart, dieser fiktive Ort, ermöglicht und erschafft die Illusion eines eigenen subjektiven Lebens. Wenn du die Gegenwart untersuchst, wirst du nichts finden, sie ist hohl. Du kannst nur das, was du wirklich *nicht* bist, beobachten. Das, was du *wirklich* bist, ist nicht beobachtbar. Deswegen sei gewahr, dass der Beobachtende wie auch das Beobachtete in sich hohl sind. Als denkendes, planendes Wesen und mit dem Willen zum Handeln verwirklichst du deine Ziele innerhalb der engen, begrenzten Egowelt. Doch ohne Bewusstsein gäbe es kein denkendes, planendes Wesen, keinen Willen zum Handeln, keine Ziele zu verwirklichen, keine Vergangenheit und keine Zukunft. Das denkende und planende Wesen hingegen existiert lediglich als Spiegelung im

Bewusstsein, es besitzt keine eigene, unabhängige Realität. Die Pläne und die Ziele des denkenden Wesens sind wie Träume eines Träumenden. Denken, Planen und Wissen sind Aktivitäten des Verstandes, und diese Aktivitäten hinterlassen Erinnerungen, Gedächtnisspuren und Identifikationen Du kannst dich jedoch nur an das erinnern, was du wirklich *nicht* bist, denn das, was du *ewig* bist, hat nie Gedächtnisspuren hinterlassen. Weil du in Wirklichkeit todlos, formlos und ungeboren bist, kannst du kein Objekt, kein Wesen sein. Nur Vergängliches kann ein Objekt, eine Form sein. Was, ohne zu verstehen, realisiert wird, verändert sich nie, und was sich nie verändert, ist das, was du *wirklich* bist. Unwissenheit zwängt die Seele in eine Form und zieht sie so aus dem Unsterblichen ins Sterbliche und aus dem Licht in die Schatten. Weil du dich mit deinem Körper identifizierst, bist du fest davon überzeugt, dass irgendwann, in einer ungewissen Zukunft, der Tod auf dich wartet.

Was wird der Tod töten? Deinen Körper, deine Gegenwart, die einzig aus gesammelten Konzepten, Erinnerungen und Vorstellungen existiert? Wird der Tod alles zerstören, oder wird deine Seele, von der du objektiv nichts Konkretes weißt, weiterleben? Wird der Tod für dich eine bewusste und erlebbare Erfahrung sein oder eine Erfahrung ohne den Erfahrenden, in Abwesenheit des Wissenden und des Gewussten? Sei dessen gewahr, dass das, was du *wirklich* bist, niemals stirbt, denn der Tod betrifft nur deinen Körper und nicht dich. Weil du dich mit dem Körper identifizierst, glaubst du, dass du vom Tode betroffen seiest, doch das ist eine Täuschung. Unzählige Erinnerungen, Eindrücke und Informationen vom Leben und vom Tod von anderen Menschen und Lebewesen sind in deinem Gedächtnis gespeichert. Diese gigantische Menge subjektiver Eindrücke und Informationen sind für dich Wirklichkeiten, mit denen du dich identifizierst. Doch da es nur »Eindrücke« im Bewusstsein sind, können sie nicht das sein, was du *wirklich* bist. Wenn jemand stirbt, der dir sehr nahe war, dann ist der unmittelbare Schmerz des Verlustes, der mit Bildern und Emotionen verbunden ist, stark. Du spürst die Trauer über den Verlust dieses Menschen psychisch und physisch. Die starken Bilder, Erinnerungen, Eindrücke und Emotionen werden im Laufe der Monate und Jahre nach dem Tod dieses Menschen schwächer, kraftloser und blasser. Der Schmerz und die Trauer lassen allmählich ganz von selbst nach. Doch das, was du *ewig* bist, wird nie stärker oder schwächer, da du nichts Erlebbares bist. Du bist nichts, das kommt und geht, und warst nie ein Körper, noch hattest du jemals einen Körper, der sterben könnte. Somit gibt es auch keine Erinnerung, die verblassen könnte, denn du hast Raum und Zeit nie berührt und nie betreten. Der überlagerte, vergängliche Fleischkörper existiert nur als Eindruck im Bewusstsein. Also warum identifizierst du dich mit dem, was du *nicht* bist? Warum leidest du unter dem, was du nie warst? Du bist todlos und formlos, glanzvolles, heiliges Licht!

Das Verlassen des Körpers bedeutet das Zurücklassen alles Geliebten: die Menschen, die einem nahe waren, die farbenprächtige Natur, die magischen Momente nach Sonnenuntergang, wenn das indirekte sanfte Licht den Abendhimmel einfärbt, alle Klänge, alles Wissen und alles Erlernte. Der Tod ist der Untergang alles Bekannten und die Auflösung aller Formen. Nie wieder Tag, nie wieder Nacht, nie wieder Lachen, nie wieder Weinen, nie wieder Gewinnen, nie wieder Verlieren, nie wieder Kranksein und nie wieder Gesundwerden. Gedanken an die endgültige Zerstörung des physischen Lebens und Leibes, an das Verfaulen des eigenen Körpers in der Erde oder an das Verbrennen des Körpers im Feuer – diese emotional geladenen Gedankenbilder lösen tiefes Unbehagen und archaische Ängste aus. Diese Gedankenkonstrukte führen in eine unbekannte, stumme Nacht. Wirst du den Körper verlassen oder wird der Körper dich verlassen? Wer wird wen verlassen? Stirb, bevor du tot bist, dann werden alle überlagerten Ängste, Konzepte und Vorstellungen verschwinden! Da du nie ein Körper warst, wird auch niemand da sein, der ihn verlassen könnte.

DIE INNERE REBELLION

Etwas Inneres rebelliert und wehrt sich. Es akzeptiert diese zwingende, übermächtige, schwarze Macht, den Tod, nicht, denn es möchte leben. Diese innere Bewegung ist der natürliche Kampf des Ich zum Überleben im Leben, die fieberhafte Suche nach Überlebensstrategien. Ich will nicht sterben, zumindest nicht jetzt, in diesem Moment. Der Tod installiert sich im Verstand als Gegenpol zum Leben. Er erscheint als etwas, das du eigentlich gerade jetzt, in diesem Moment, nicht unbedingt kennen und erleben möchtest. Durch diese Gegensätzlichkeit entstehen Angst und Verunsicherung, Angst vor der formlosen Leere. Der Verstand fürchtet sich vor gestaltlosen Tiefen. Verwechsle nicht Erscheinung mit Realität. Erscheinung trägt ihr Ende in sich, doch das, was du *ewig* bist, ist nie erschienen. Du schläfst in deinem Bett und reist im Traum in ferne Länder, besuchst andere Kulturen, fährst über Meere, kletterst Berge hoch und durchquerst Wüsten, doch dein Bett hast du nie verlassen. Gleichermaßen ist es mit dem Bewusstsein und der Welt, die sich im Bewusstsein spiegelt. Du hast das, was du *wirklich* bist, nie verlassen. Du warst nie aktiv, hast dich nie identifiziert und nie in der dualen Welt Handlungen ausgeführt.

Aus verworrenen Gedanken, Fantasien und Vorstellungen entstehen dumpfe Ängste und Unsicherheiten, die aus festgefahrenen Erdgewohnheiten entstanden sind, geboren aus dem kargen mentalen Stoff des materiellen Lebens. So kommt es, dass du dich an religiösen Dogmen orientierst, endlos Gebete und Mantren wiederholst und an den Erfolg von spirituellen Übungen und Techniken glaubst. Du suchst nach Antworten, nach dem Sinn deines vergänglichen Lebens auf der Erde. Du möchtest herausfinden, warum du in dieser Welt bist, ob es frühere Leben gab und ob es für dich ein Leben nach dem Tod gibt. Du erfindest oder übernimmst allerlei Strategien, von denen du glaubst, dass sie dir helfen könnten, den Tod zu überlisten, denn du möchtest dein Leben übers Grab hinaus verlängern und hoffst auf ein ewiges Leben im Paradies. Doch das sind alles Spekulationen, Konzepte und somit Täuschungen. Konzepte können vorübergehend erfolgreich sein, um Ängste vor dem Leben und dem Tod zu dämpfen, mehr nicht.

Überlieferte Bilder und Vorstellungen von Himmeln und Paradiesen spenden Trost, vermitteln Schönheit und Harmonie, doch ohne das Ego haben sie keinen Bestand, denn der Erlebende und das Erlebte sind das Ich selbst. Du hoffst, nach dem Tod Schönheit und Ruhe im Paradies zu erleben. Dorthin möchtest du gehen. Doch alles Gehen, Haben, Wollen, Wünschen und alle Bemühungen sind eindeutig Bestrebungen des Egos. Das, was du *ewig* bist, ist immer gegenwärtig, nichts kann getrennt von dem, was immer ist, existieren. Wenn du das Paradies nicht hier und jetzt realisierst, wann dann? Doch wo und was und wie soll dieses Paradies eigentlich sein? Das Wort Paradies stammt aus dem Sanskrit und heißt eigentlich »paradesa«, was bedeutet »der Raum dort drüben«.

Sei gewahr, dass das, was du *wirklich* bist, frei ist von Bildern und frei von Vorstellungen. Es gibt keinen Ort, an den du hingehen könntest, denn alle Orte sind vergänglich, und alle Orte sind leer. Du jedoch bist das ortlose Hier-Jetzt. Du bist nicht etwas Spezielles oder Spezifisches, du bist die Essenz von *allem, was ist,* das Heiligste des Heiligen. Der Tod ist die andere Seite des Lebens, nur dass es so etwas wie eine andere Seite deines Lebens nicht gibt. Es sind lediglich bezeugte Zustände deines scheinbar dualen Daseins. Das reine Gewahrsein berührt die Welt nie, es bezeugt lediglich den Wahrnehmenden und das Wahrgenommene und ist ewig frei von Interpretation und Identifikation. Die von dir selbst im Verstand erschaffene Tragödie, das kosmische Schauspiel deines eigenen Untergangs, deines eigenen Todes wird für dich in Wirklichkeit nie stattfinden, da der Tod nur deinen Körper betrifft und nicht dich.

Wenn Gott die Welt erschaffen hätte und selbst geworden wäre, dann wäre ER vergänglich, denn der Schöpfer kann nicht getrennt von der Schöpfung existieren. Alles Erschaffene und Gewordene löst sich wieder auf, somit hätte auch Gott einen Anfang und ein Ende, und es gäbe nur Leben und Tod – keine Ewigkeit, keine Totalität. So wie Licht sich nicht mit Schatten mischt, so mischt sich Ewigkeit nicht mit Raum und Zeit. Ewigkeit ist nicht etwas, das fortwährend andauert, und Ewigkeit hat nichts mit Leben und Tod zu tun. Zeitliches wird nie Ewiges und Ewiges nie Zeitliches. Ist der Tod das, was Leben beendet? Kann Leben an sich überhaupt beendet werden? Außer für das Ich, den Schöpfer aller Missverständnisse und unzähligen Konzepte, gibt es keinen Tod. Das Ich, das sich identifiziert, kennt den Tod, du nicht. Das Problem ist nicht der Tod, sondern das Ich, und das ist nicht mehr als ein Schatten vor dem Bewusstsein, gleich einer Fata Morgana in der Wüste. Sind deine Gedanken an den eigenen Tod und dein Hoffen an ein Leben nach dem Tod nicht ein Verrat an dem, was du *ewig* bist?

DAS ENDE DER SCHATTEN

Stell dir vor, es ist Mittagszeit im Hochsommer, und du stehst unter einem großen Laubbaum im Schatten. Du siehst die Sonne nicht, nur den Schatten des Baumes vor dir. Du weißt jedoch, dass es ohne die Sonne keinen Schatten gäbe und dass die Sonne immer scheint, auch wenn es regnet oder der Himmel mit dicken Wolken bedeckt ist. Obwohl die Sonne beziehungsweise das Sonnenlicht die Schatten auf der Erde bewirkt, ist und bleibt die Sonne von den flüchtigen Schattenszenerien unberührt und unangetastet. So wie Schatten die Sonne nie berühren können, so kann auch der Ich-Gedanke die Essenz, die Totalität, nie berühren. Die Sonne selbst hat nie einen Schatten erschaffen und die Totalität nie erschaffenen Boden betreten.

Ohne Sonne gäbe es keine Wolken, keinen Regen, keinen Schatten und kein Leben auf der Erde. Glaubst du, die Sonne wisse etwas von Wolken, von Regen, von Schatten, die kommen und gehen? Glaubst du, die Sonne identifiziere sich mit diesen Phänomenen, die sie bewirkt, aber nicht ist? Sicher nicht! Die Sonne bewirkt das Wachsen und Werden auf der Erde, doch die Sonnenstrahlung ist und bleibt unbeeinflusst von diesem großartigen Wachsen, Werden und Vergehen. An diesem Beispiel kannst du erahnen, wie das Unfassbare, das, was wir Gott nennen, im Nicht-Wirken alles bewirkt. Das ewige Nicht-Wirken kennt keine Berührungspunkte, keine Eigeninteressen oder Präferenzen. Obwohl Nicht-Wirken alles bewirkt, sind nichts und niemand da, die wirken. Alles geschieht, obwohl nie etwas geschehen ist.

Die Welt erscheint und vergeht, dehnt sich aus und zieht sich zusammen und wandelt sich ständig, doch damit hast du nichts zu tun, da du ewig formlos und nie geboren bist.

Der gute Wanderer wandert nicht, er begeht keine Wege und hat kein Ziel. Er hat die universelle Heimat nie verlassen.

Ist Gott die Ursache, der Schöpfer der Schöpfung und somit verbunden und verstrickt mit dem Erschaffenen? Ist Gott für alles, was auf der Erde geschieht, verantwortlich? Für alles Gute und alles Schlechte in der Welt? Hat Gott Himmel und Hölle, Leben und Tod erschaffen? Wenn ja, warum? In der Anwesenheit des Sonnenlichts entstehen und vergehen Schatten auf der Erde, gibt es Abläufe wie Wachsen, Blühen und Vergehen. Im sonnenhaften Bewusstsein spiegelt sich die gesamte Welt, erscheint alles Körperhafte mit seinen relativen Stärken und Schwächen, doch diese Spiegelwelten hast du nie betreten und nie berührt. Unsterbliches geht nie in den Raum des Sterblichen ein und Endliches lässt sich nie mit Unendlichem füllen. Schöpfung ist ein immerwährendes Geschehen, und dieses Geschehen geschieht, so lange es das Ich gibt, das Geschehenes bezeugt und konstatiert. Sonnenlicht macht Objekte sichtbar und erweckt alles zum Leben, doch Sonnenlicht interessiert sich nicht für die Objekte, die es sichtbar macht, und identifiziert sich auch nicht mit ihnen.

Gott, das Licht aller Lichter, kennt weder Leben noch Tod und ist nicht in das Universum, das sich in ihm spiegelt, verstrickt. Ohne Gott wäre nichts, das ist. Doch alles, was ist, ist ER *nicht*, da ER weder Subjekt noch Objekt ist. Für die gesamte Schöpfung, für alles, was jemals entstanden ist oder noch entstehen wird, gibt es im Licht aller Lichter keine Berührungspunkte, da nie Identifikation stattgefunden hat. Im Licht aller Lichter gibt es keine Ursachen und keine Wirkungen, keinen Ort, wo etwas geschehen könnte oder jemals geschehen wäre! Nie hat Identifikation mit dem, was kommt und geht, stattgefunden, denn das Ewige weiß nichts vom Zeitlichen, das Unvergängliche nichts vom Vergänglichen. Ohne das Ewige hätte das Zeitliche keine Existenz, da das Ewige die Grundlage, die Essenz von *allem* in *allem* ist. Das Ewige und das Zeitliche existieren scheinbar gleichzeitig ineinander und miteinander. Doch dem ist nicht so, das Zeitliche existiert nur konzeptuell.

Nirgends gibt es zwischen dem Manifestierten und dem Unmanifestierten Grenzen, nirgends

Trennung, alles ist eins – du! In der Totalität, der atemlosen Stille des Hier und Jetzt, leuchtet eine gigantische Energie, erstrahlt ichlose, heilige Liebe, und diese unerschöpfliche, gnadenvolle Herrlichkeit ist das, was du *wirklich* bist. Krankheiten und die damit verbundenen Leiden wohnen im Körper, doch der Körper ist nicht das, was du *wirklich* bist. Wenn sich im Körper des Menschen eine aggressive Krankheit, die als unheilbar gilt, ausbreitet, dann ist dieses Wissen und Erfahren eine erschütternde Tatsache, eine psychische Belastung, die große Verunsicherung und Ängste auslöst. Der Verstand hat todbringende Informationen registriert und die Konsequenz daraus verstanden, er wird aktiv. Das Ich sucht fieberhaft nach Möglichkeiten und Strategien, um gesund zu werden und das Leben im Körper zu verlängern. Das ist ein normaler Vorgang. Das Ich beschäftigt sich intensiv mit sich selbst, denn es ist das Ich, das Angst hat und nicht der Körper. Etwas kämpft, etwas Tiefes wehrt sich. Unkontrollierbare Gedanken verdunkeln den Verstand, Sorgen belagern das Gemüt, müde Augen schauen in den vergänglichen Körper, in dem der Tod wohnt. Wenn alle Bemühungen aufgegeben sind und die Hoffnung auf Genesung verblasst ist, dann ergibt sich das Ich, es hört auf zu kämpfen, sich zu wehren. Wenn dies geschieht, dann verflüchtigen sich alle Ängste, eine tiefe Wandlung vollzieht sich im Menschen. Er ist bereit, sein Leben vollständig einer höheren Macht zu übergeben, und berührt dadurch etwas Unbegreifbares und unfassbar Tiefes.

Krankheiten und Schicksalsschläge zwingen Menschen zur Selbstübergabe, doch Selbstübergabe ist zum Glück auch ohne Schicksalsschläge und unheilbare Krankheiten möglich. Es bedarf jedoch einer wachen Achtsamkeit, um den Urgrund dessen, was man wirklich *nicht* ist, tief zu durchschauen. Gewahrsein bewirkt Erwachen, und Erwachen ist ein Durchbruch in eine unpersönliche Intensität. Diese Intensität löst alle Trägheit, Lieblosigkeit und alle Missverständnisse auf. Dumpfe Persönlichkeitsenergien verhindern Selbstübergabe, den Durchbruch ins ewige Nicht-Ich. Das Ich muss weg, muss weichen. Aber was genau ist denn dieses Ich? Wo ist es, wo hält es sich im Körper auf? Ist es im Kopf oder vielleicht im ganzen Körper verbreitet? Wie groß ist das Ich, lässt es sich lokalisieren?

»Ent-decke«, was der Verstand wirklich ist, dann durchschaust du die Funktionalität des Ich. So unwirklich wie die Gedanken sind, die aus dem Verstand auftauchen, so unwirklich ist der Verstand selbst. Realisiere, dass *du vor* dem Bewusstsein, *vor* dem Verstand, *vor* den Gedanken und *vor* dem Körper bist!

FRAGMENTE DES LEBENS

Dein subjektives Leben setzt sich aus einer Vielfalt von Fragmenten zusammen. Das sind unter anderem: festgelegte Regeln, konkrete Ideen vom subjektiven Vorwärtsgehen im Leben und der Glaube an die Zuverlässigkeit dieser festgelegten Wege und Regeln.

Du lebst allein und isoliert in deiner eigenen strukturierten Gedankenwelt, diesem inneren Gebiet, in dem sich dein subjektives Leben gestaltet und formt. Ständig knüpfst du neue Verbindungen mit anderen Menschen und hoffst, dass sich durch neue Beziehungen neue Möglichkeiten in deinem Leben eröffnen. Du möchtest Frieden, Stille, Glücklichsein und zeitlose Unermesslichkeit erleben. Sei dessen gewahr, dass Frieden, Stille, grundloses Glücklichsein und zeitlose Unermesslichkeit nie vom Ich erlebt werden können, denn dies sind Attribute des Nicht-Ich, obwohl das Nicht-Ich absolut attributlos ist. Transzendiere dein Hoffen und Wollen, den freien Willen. Der Wille erhält seine Bedeutung und seine Scheinwichtigkeit vom Verstand, und der agiert bloß im Fleischkörper, der selbst nur als konzeptuelle Erscheinung im Bewusstsein existiert. Wenn du den Ursprung des Willens und des Schicksals durchschaust, dann transzendierst du beide und bist grundlos glücklich – hier und jetzt. Seit deiner Geburt bist du nicht gestorben, sonst wärest du jetzt nicht hier und würdest in diesen Momenten nicht dieses Buch lesen. Wann, wo und wie du in der Zukunft sterben wirst, weißt du nicht. Alles, was du weißt oder glaubst zu wissen, sind jedoch nur Konzepte, Vorstellungen. Du kannst dich zwar an deine Vergangenheit erinnern, aber nicht an deinen Tod. Du glaubst, dass Vergangenheit und Zukunft wirklich existieren und bist nicht gewahr, dass diese bloß als überlagerte Vorstellungen im Bewusstsein existieren. Das Ich beschäftigt sich mit der Zukunft, doch Zukunft existiert nur in deinem Denken. Deshalb sei zukunftslos glücklich und kümmere dich nicht um etwas, das es nicht gibt. Zukunft ist nicht mehr als ein Traum, der von einem Träumenden geträumt wird. Du bist immer *jetzt*!

Täglich endet für Tausende von Menschen das physische Leben auf der Erde, ihre Zeit im Körper ist abgelaufen. In diesen Ablauf von Erscheinen und Vergehen bist auch du eingebettet, sei dir dessen bewusst. So wie du nicht alleine, als einziges Lebewesen, zu einem bestimmten Moment auf der Erde geboren wurdest, so wirst du auch nicht in einem bestimmten Moment alleine, als einziges Lebewesen, das letzte Mal ausatmen und die Welt verlassen. Du bestimmst weder den Moment deiner Geburt noch den Moment deines letzten Atemzuges, denn weder der Atem noch das Leben gehören dir. Die kosmischen Abläufe vollziehen sich jenseits des menschlichen Willens, jenseits aller Gedanken, jenseits aller Sinnesregungen und jenseits aller Lebensgewohnheiten. An der Todesschwelle hüllt sich das Gehirn in Stille ein, die Welt verblasst. Machtvoll, unangemeldet und unumgänglich fließt der Tod ins Fleisch und beendet das physische Dasein.

Ist der Tod das Ende von allem, oder ist seine Macht lediglich auf den physischen Körper beschränkt? Bewirkt der Tod die Rückkehr der Seele in den Ozean der Stille? Der Tod ist ein sonderbares Geschehen, es löst sehr unterschiedliche Reaktionen aus: Der Tod eines Menschen, der dir nahe war, berührt dich tief, wühlt dich emotional auf und verursacht seelischen Schmerz. Wenn jedoch ein Mensch stirbt, den du persönlich nicht näher kanntest, dann berührt dich sein Tod emotional kaum. Du nimmt das Ereignis zur Kenntnis, vergisst es aber bald wieder. Obwohl es der gleiche Tod ist, der das physische Leben von allen Lebewesen beendet, reagierst du offensichtlich sehr differenziert auf dieses Phänomen. Dies zeigt, wie ichbezogen dieses Ereignis eigentlich ist und wie zentral das subjektive Empfinden von Halten und Loslassen, von Haben und Verlieren, von Mein und Dein mit diesem Phänomen verknüpft ist. Die Auflösung der Gestalten und Formen findet scheinbar außerhalb von dir statt. Du nimmst das unaufhörliche Kommen und Gehen, Geborenwerden und Sterben der Lebewesen als von dir getrennte Ereignisse wahr. Du bezeugst diese Abläufe. Du beobachtest etwas und denkst über das Beobachtete nach, doch das, was du beobachtest, kannst du nicht sein, sonst könntest du es ja nicht beobachten. Das zeigt, weshalb du nur das, was du wirklich *nicht* bist, beobachten kannst. Du kannst nur das Überlagerte beobachten, also das, was du wirklich *nicht* bist. Das Ich macht Erfahrungen, doch Erfahrungen berühren das, was du *wirklich* bist, nicht, da du den Raum, in dem Erfahrungen möglich sind, nie berührt oder betreten hast. Wenn du gewahr wirst, dass das, was du *wirklich* bist, nie geboren wurde, dann wirst du auch gewahr, dass du in der Dualität nie irgendwelche Handlungen ausgeführt hast. Wirf die »Ich-bin«-Illusion ab und sei das, was du *ewig* bist – ICH BIN!

Durch die Sinne siehst du Ereignisse und Abläufe, die du in deinem Gehirn mithilfe erinnerter Bilder und gesammelter Informationen verarbeitest. Das Gesehene, das Erkannte und das Verstandene bilden das, was du als dein Leben, deine Welt siehst und erfährst: das, was geboren wurde, und das, was sterben wird. Der Körper wird vom Verstand projiziert, und der Verstand hat seinen Ursprung im Bewusstsein, doch du bist jenseits des Bewussten. Licht kann nie einen Schatten berühren und das Todlose nie den Tod. Denken und Fühlen verändern sich, doch das, was du *ewig* bist, ist immer dasselbe. Gedanken können nie ins Ewige eindringen und auch spirituelle Bemühungen und Übungen können dies nicht. Sie können dich höchstens an die vergängliche Welt fesseln, da sie von Egos für Egos konzipiert wurden. Die erkennbaren Willensergebnisse, die das subjektive Weltbild gestalten und prägen, und die Schicksalskräfte, die sie formen, diese Ich-Kräfte können die Totalität nie berühren. Der Wille hat nur in der Ich-Scheinwelt eine Bedeutung, in der Totalität hat er keine. Ewiges existiert nicht als Gegenpol zum Vergänglichen und Nicht-Wirken bedeutet nicht Willenlosigkeit, wie man dies fälschlich verstehen könnte. Du bist nicht der Sterbende, sondern das Gewahrsein des Vergänglichen. Du objektivierst das Sterben, doch das, was du objektivierst, kannst du nicht sein, da du jenseits des Verstandes und jenseits des Interpretierten bist. Du interpretiert das, was du gesehen und gehört hast, und aufgrund dieser gesammelten Informationen kommst du zur Schlussfolgerung, dass auch du sterben wirst. Doch das ist bloß eine Annahme des überlagerten Ich, das sich mit dem Gehörten, dem Gesehenen und den subjektiven Schlussfolgerungen identifiziert. Weil du dich mit dem Körper identifizierst, hast du vergessen, wer du *wirklich* bist. Der Beobachter des Sterbens kann im Moment des Todes nicht das sein, was stirbt und beobachtet wird. Der Tod erhält erst dann eine Bedeutung und eine Wirklichkeit für dich, wenn du ihn in Beziehung zu etwas Spezifischem setzt, nämlich deinem Körper. Etwas stirbt, vergeht, verblasst – nur das, was du *ewig* bist, nicht! Wie kommt es, dass du glaubst, ja fest davon überzeugt bist, dass dein Körper und alle von dir angeeigneten Objekte dir auch gehören? Weshalb klebst du so sehr an irrealen und vergänglichen Überlagerungen? Warum verlierst du dich in deiner von dir selbst erschaffenen Tragödie und warum lässt du deine Seele, die universell ist, in den kalten Räumen von Unwissenheit, Lieblosigkeit, Sorgen und Schmerz zurück? Dein wahres Sein ist wie mildes Sonnenlicht, das von der schweren Masse der Vergangenheit und der konzeptuellen Vorstellung der Sterblichkeit nie berührt wurde.

GEHÖRT GOTT DIE WELT?

Ist Gott alles in allem und überall? Ist Gott alles, was ist – auch du, dein Körper, dein Denken, dein Fühlen, deine Sinne, dein Verstand, jede Zelle deines physischen Leibes? Wäre das so, würde es bedeuten, wenn du zum Beispiel Zahnschmerzen hättest, hätte auch Gott Zahnschmerzen, und wenn du Bauchschmerzen hättest, hätte auch ER Bauchschmerzen. Wenn Gott die Schmerzen und das Leid aller Lebewesen der Welt spüren und erfahren müsste, dann wäre ER ununterbrochen krank und würde sich im Himmel vor Schmerzen krümmen. ER wäre nicht nur krank, sondern auch sterblich und hätte einen Anfang und ein Ende. Gott so in die physikalische Welt herunterzuziehen bedeutet, Gott im Gehirn und im Körper gefangen zu halten. Gott kennt das Ego nicht und das Ego Gott nicht, dennoch: Gott existiert genau hier, wo du bist. Werde dessen gewahr! Nur Willensleere vermag das Wandellose zu realisieren. Das ewig Blühende ist das leuchtende Herz des Universums. Das ewig Blühende ist jenseits von Existenz und Nicht-Existenz, ist das, was du *ewig* bist.

Dein Körper ist vergänglich, aus Sternenstaub zusammengesetzt, und in Sternenstaub wird er sich wieder auflösen, doch die Essenz, die Grundlage allen Seins ist nicht Staub. Die Intelligenz, die die Moleküle und die chemischen Prozesse leitet, diese kosmische Intelligenz ist unfassbar und nicht denkbar, sie ist jenseits des Verstehens und des Verstandes. Sie wirkt und bewirkt physisches Dasein, ohne zu sein, was sie bewirkt. Sie ist und bleibt unberührt vom Bewirkten, so wie die Sonne nie berührt wird von den Schatten, die durch sie entstehen und vergehen. Diese kosmische Intelligenz ist für den Verstand nicht fassbar, er kann sie nicht »be-greifen«. Sie bewirkt dich, ohne du zu sein. Der Hintergrund, auf dem das Bildhafte erscheint und vergeht, dieser Hintergrund ist die kosmische Intelligenz, die Urquelle allen Seins. Realisiere die verborgene Herrlichkeit in der Natur, dein wirkliches dir innewohnendes Zuhause! Jenseits des Gewussten ist Frieden, jenseits aller Religionen, Gebete, Rituale und Mantren ist Gott. Gott ist ein Wort, das von Menschen erfunden wurde. Gott ist jenseits aller Worte. Gott weiß nichts von den dualen Gegensätzen der Welt, nichts von Raum und Zeit, nichts von den sterblichen Stunden der Menschen. ER ist nicht verantwortlich für die Leiden, die Sorgen, die vielen Krankheiten und Bosheiten in der Welt, wie könnte ER, da ER die Welt nie berührt hat. ER/ES ist die ungeteilte Existenz, die Essenz von *allem, was ist*.

Wenn deine Konditionierungen und die vielen Missverständnisse restlos verdunstet sind, ist das All-Sein realisiert. Der Tod gehört der Welt, dem Verstand, dem Körper und den sinnlichen Wahrnehmungen. Dich hat der Tod nie berührt, da du formlos, ungeboren und todlos bist. Dein wahres Sein ist jenseits des Körpers und jenseits der gebündelten Sinne, die die funktionellen Instrumente des vergänglichen Körpers sind. Der Tod ist mit den Sinnen, dem Gedächtnis, dem Verstand und der körperlichen Gestalt verknüpft, doch der physische Körper, der kommt und geht, bist du nicht, denn du bist hier und jetzt. Ewiges kann nicht in Zeitliches heruntergezogen und analysiert werden, denn Ewiges hat den Verstand nie betreten und den Tod nie geschmeckt. Die unzähligen falschen Vorstellungen loszuwerden ist Selbstverwirklichung, und Selbstverwirklichung ist das, *was du bist.*

Wenn Gott das Leben erschaffen hätte, dann würde dies bedeuten, dass ER auch den Tod erschaffen hätte. Da die Ursache nicht getrennt von der Wirkung existieren kann, kann auch der Schöpfer nicht getrennt von der Schöpfung existieren, also hätte Gott einen Anfang und ein Ende. Hat Gott die Sterblichkeit erschaffen und sich dann schleunigst in die Unsterblichkeit, in die Ewigkeit, zurückgezogen? Warum sollte Ewiges Sterbliches erschaffen – und wie? Durch die Identifikation mit dem Körper erlebst du dich als sterblich und endlich, doch du möchtest unsterblich sein und ewig leben. Warum? Jeder Mensch ist und hat sein eigenes spezifisches

Weltbild, seine eigene Vorstellung vom Leben und der Welt, doch die wahrgenommene Welt verändert sich unaufhörlich und wird ständig von Moment zu Moment neu interpretiert. Jeder Moment ist anders, deswegen transzendiere das, was Momente erschafft, denn das, was sich ständig verändert, kann nicht das sein, was du *ewig* bist. Du bist das Unveränderbare und nur Zeuge des Vergänglichen und Veränderbaren.

Religiöse Prägungen werden bereits in frühester Kindheit in Form von Gebeten, heiligen Geschichten und Ritualen indoktriniert, sie sind Teil der traditionellen, emotionalen religiösen Erziehung. Man lernt, wie man durch Gebete und Anrufungen eine Beziehung zu Gott und den Heiligen aufbaut, eine Beziehung mit dem Unbekannten, dem Überirdischen. Diese Systeme und Dogmen zu hinterfragen sei Sünde und Gotteslästerung, wird erklärt. Schlimmste Konsequenzen für den, der es trotzdem wagt: Fegefeuer, ewige Verdammnis im Schlund der Hölle und so weiter. Noch vor gar nicht so langer Zeit wurde man für das Hinterfragen der religiösen Dogmen der Häresie beschuldigt, angeklagt und im Namen Gottes gefoltert, verbrannt oder auf andere Art hingerichtet. Mit strengen religiösen, moralischen Dogmen hat man den Menschen erfolgreich große Ängste in ihre Seelen eintätowiert, und über Ängste wurden und werden Menschen massiv manipuliert. Diese Ängste stecken tief im Menschen, denn aus der

Sicht der konservativen christlichen Kirche sind wir alle Sünder, gefallene Engel oder Ähnliches. Mache dich frei und schüttle mutig diese alten, leidvollen Geschichten und Ängste von dir ab, denn das, was du *wirklich* bist, hat die Welt nie berührt.

Mit dem Verstand betest du, vollziehst spirituelle Übungen und singst Mantren, die du gelernt hast, und erforschst die innere und die äußere Welt. Nur eines bist du dir dabei überhaupt nicht bewusst, nämlich dass es den Wachzustand, in dem du diese ganzen Aktivitäten vollziehst und deine Glaubensbekenntnisse formulierst, überhaupt nicht gibt. Lasse die alten, rohen Kräfte, die schmerzvolle Ängste und Zweifel produzieren, endgültig hinter dir und füge dich ein in die herrliche Stille.

An die heiligen Schriften und an Gott zu glauben ist gut, denn der Glaube bringt Stabilität in den Alltag und hilft, das Gute im Menschen zu entwickeln. Was wäre diese Welt ohne die heiligen Schriften, ohne Propheten, ohne Avatare, ohne Buddha, ohne Meister Jesus und ohne die unzähligen Heiligen? Ja, ohne Zweifel sind sie die Zierde Gottes auf Erden.

Sei dir jedoch eines bewusst: Der Glaube an Gott ist ein subjektives Bezeugen einer höheren Macht, wobei der Bezeugende nicht das Bezeugte sein kann. Deswegen ist der Glaube an Gott etwas Abstraktes, etwas von dir, dem Bezeugenden, Getrenntes. Der Glaube an Gott ist auch nicht immer gleich, manchmal ist er stärker und dann wieder schwächer, und man kann den Glauben an Gott wieder verlieren und zu einem Ungläubigen werden. Erkenne tief: Das namenlose, unbegreifbare, allgegenwärtige Hier und Jetzt hat absolut nichts mit Glauben oder religiösen Dogmen zu tun.

Du sitzt zu Hause in einem Sessel und schläfst ein. Du träumst, du seiest auf einer langen Reise und durchreistest viele Länder und Kontinente, du stiegest Berge hoch, überquertest Meere und durchwandertest verschiedene Landschaften. Dann erwachst du und bist dir augenblicklich bewusst, dass du die ganze Zeit in einem Sessel zu Hause gesessen hast und nie gereist bist, sondern nur geträumt hast. Es hat dir keine Mühe bereitet, von dieser langen Reise in dein Wohnzimmer, in deinen Sessel zurückzukehren. Wie könnte es auch, du warst ja die ganze Zeit zu Hause in deinem Sessel. Der Sessel, der, der darin sitzt, und die Traumreise im Schlaf sind nichts als Erscheinungen im Bewusstsein, sie haben keine reale Existenz.

Die verhängnisvolle Saat, die sich als das Gute und das Böse in der Welt im Ich offenbart, erschafft im Menschen die Illusion eines individuellen Lebens und eines Lebensweges, den man mit dem Empfinden geht, getrennt von den anderen zu existieren. Was *ewig* ist, kann man nicht erreichen, nur realisieren. Einen Weg gibt es nur für den Verstand. Erwachend erkennst du, dass du dich Gott mit Gebeten, Ritualen, spirituellen Übungen und Techniken nicht nähern kannst, im Gegenteil, du trennst dich und wendest dich vom All-Sein ab. Warum? Jede positive Handlung in diese Richtung schafft Dualität und ist ein subjektiver Willensakt des Egos mit einer klaren Intention. Da der Körper selbst nur ein Gedanke ist, eine Spiegelung im Bewusstsein, wie wirklich und wie wichtig können dann deine spirituellen Übungen und Bemühungen sein, da Gott weder Ziel noch Objekt noch Resultat sein kann, außer für den Verstand?

Die ruhelose, fortwährende Tätigkeit des Egos bewirkt nichts anderes als fortwährende Unruhe, mit gewissen Ruheintervallen. Es ist diese Ruhe, die du unter anderem auch in der Meditation erfährst. Wenn du meditierst, ist das eine subjektive Tätigkeit des Egos, sei dessen gewahr. Das Ego bemüht sich, Nicht-Ego zu werden. Es übt, die Gedanken zu kontrollieren und die Atmung zu beherrschen, und nennt diese Aktivität Meditation und die dabei empfundene Ruhe meditativen Zustand. Wenn du erwachst, löst sich das handelnde Ego auf, und Meditation stellt sich ganz natürlich ein. Gott übt nicht, Gott zu sein. Das Ich übt. Das Ich glaubt, etwas verloren zu haben oder etwas dazugewinnen zu können, doch das Ewige ist immer hier und jetzt, du kannst es nie werden oder wollen. Das Beherrschte wandelt sich wieder zum Unbeherrschten und das Kontrollierte zum Unkontrollierten. So verhält es sich mit den Übungen des übenden Egos. Durchschaue die Antriebskraft des Willens und sei gewahr, dass in der Sinneswelt nichts wirklich ist. Die vom Ich projizierte Welt bist du nicht, also *was* sucht *was*? Wenn du erwachst, verschwinden alle unwirklichen Dinge, auch der Meditierende. Wenn du versuchst, das Ewige zu erreichen, bleibst du von ihm getrennt. Also sei dessen gewahr, was du *nicht* bist! Du bemühst dich, das zu werden, was du *ewig* bist. Dein Bemühen ist nichts als eine große Illusion. Alle Tätigkeiten sind nur Bewegungen im Bewusstsein, Vorstellungen im Bewusstsein, somit können diese Abläufe nicht als Realität angesehen werden. In dem, was die Welt nie berührt hat, gibt es keine Antriebskraft, kein Wollen, kein Tun, keine Absicht. Die flammende Willenskraft des Ich ist dagegen ständig aktiv, sie entwirft und belebt unaufhörlich die Vorstellung von Werden, Vergehen und Kontinuität. Aus der subjektiven Denkkraft, durch die sich der Wille äußert, werden alle Lebensmodelle geformt, mit denen du dich identifizierst. Sie bilden die Grundlage für das Leben in der Gesellschaft, wobei diese Modelle kulturell und kollektiv verschieden sind. Bleibe nicht länger in religiösen Dogmen und kulturellen Vorstellungen stecken, sei *natürlich und still*! Dadurch wirst du das, was du wirklich *nie* warst, klar erkennen. Wenn du nicht alles Gewusste wieder loslässt, kann der Geist nicht frisch und ungebunden sein und du kannst die heilige Stille nicht realisieren. Sei deines universellen Daseins tief gewahr und lasse in diesem Gewahrsein den irrealen Verstand verdunsten. Der Brennpunkt, aus dem alle Illusionen und Projektionen entstehen, bist du *nicht*! Bewusstsein ist die Grundlage für jegliches Erscheinen und Vergehen, für das Wahrnehmende wie auch für alles Wahrgenommene und für alle Objekte und Formen im sichtbaren und subjektiv erlebbaren Universum. Deswegen sei gewahr, dass das, was du *wirklich* bist, vor dem Bewusstsein und dem Bewussten ist, denn du hast die Welt nie berührt.

Der Stoff, aus dem DU und die Welt erschaffen sind, entspringt einer scheinbar herrlichen Leere. Das Wort Leere deutet auf ein subtiles, zartes Gewebe hin, auf einen Zustand, in dem nichts ist. Der Verstand interpretiert Leere als Gegenpol zur Fülle und nimmt diese Gegensätze als real existierende Zustände an. Doch die Leere, die als Leere verstanden oder empfunden werden kann, ist nicht die letzte, die heilige Leere. Du möchtest dich aus dem angehäuften Leid deiner Urvergangenheit ausgraben und befreien, du möchtest deine Lieblosigkeit, dein gesamtes begrenztes Dasein überwinden, und um das zu vollbringen, suchst du nach allerlei Lösungen.

Lies noch einmal den ersten Satz am Anfang dieses Abschnitts. Dort, in dem Wort DU, findest du die Wurzel deiner Urvergangenheit, den Beginn deines Leidens, deiner Lieblosigkeit und all deiner Probleme. Es ist das Du, das aus dem Ich geboren wird. Ohne das Ich gäbe es kein Du, und ohne das Du wäre das Ich nicht objektivierbar. Deine Umgebung, deine Lebensthemen und alle Objekte existieren in derselben einen Kraft, sie können nicht unabhängig oder getrennt vom Ich existieren. Deine Umgebung, deine Lebensthemen und alle Objekte können sich verändern, doch das, was du *wirklich* bist, verändert sich nie. Du bist das *unveränderbare Hier und Jetzt* und nicht das veränderbare Du.

Weil es für den Verstand eine Schöpfung gibt, muss es dieser Logik folgend auch einen Schöpfer geben. Doch wer und wie dieser Schöpfer ist, weiß der Verstand nicht. Alle religiös geprägten Gedanken und Vorstellungen in Bezug auf den Schöpfer und die Schöpfung entstehen im Gehirn.

Ist Gott das All-Eine, jenseits von Schöpfer und Schöpfung? Schöpfer und Schöpfung werden vom Standpunkt des »Ich und ER« objektiviert und interpretiert, doch das Ich ist bloß ein Konzept, ein Phänomen, und du bist nicht das, was du als getrenntes Objekt zu sein scheinst – du bist Ganzheit. Weil du dir dessen nicht bewusst bist, identifizierst du dich mit dem, was du durch die Sinne wahrnimmst, und vergisst dabei, was du *ewig* bist. Gott ist nicht ein Etwas, das du erreichen oder erwerben kannst, und Gott kommt nicht von außen oder von innen in dich hinein. Gott ist Ganzheit, Totalität – das große Geheimnis. Außerhalb des Denkens gibt es kein unabhängiges Objekt, auch das nicht, was du die Welt nennst. Das Problem ist, dass du dich selbst für ein individuelles Wesen mit einer physischen Form hältst und auf diese Weise auch alle anderen Lebewesen betrachtest. Doch das, was du siehst, verstehst und kennst, ist nicht das, was du *wirklich* bist. Du bemühst dich auf der individuellen Ebene, zu lernen und zu verstehen, ohne dir bewusst zu sein, dass das lernende und verstehende Individuum nichts als ein imaginäres Objekt ist, gleich einer Fata Morgana in der Wüste. Das Unwahre als unwahr zu erkennen und den Verstand als den Übeltäter aller Probleme zu durchschauen, nennt man Erwachen. Das, was du *ewig* bist, ist erfüllt von der unendlichen, heiligen Kraft, die sich durch das gesamte Universum ausdehnt. Du bist die Wachheit jenseits des begrenzten Denkens, das Lebendige in allen Formen, die Zierde des allgegenwärtigen Geistes. Erkenne dich selbst!

Realisiere, dass das Lebendige im Kosmos eine gigantische universelle Energie ist, eine allgegenwärtige, intelligente Macht, die du selbst bist. Du bist jenseits aller Tiefen, kosmische Unbegrenztheit, das Wesentliche alles Wesenhaften, Urgrund allen Seins, ewige Wirklichkeit. Unwirklich nennt man alle wechselhaften Erscheinungsformen, die vergänglich sind, wirklich nennt man die Totalität, das Unveränderbare – Gott!

Erwachen setzt eine gigantische universelle Energie frei, ein heiliges inneres Feuer, und dieses Feuer bringt eine enorme Intensität ins Leben, eine Intensität, in der der Verstand und der Intellekt kapitulieren müssen. Die konzeptuelle Vorstellung von einem Ich und anderen verdunstet in dieser Intensität. Das Ego, der Herrscher aller starken Leidenschaften und machtvollen Begierden, dieser machtvolle Schattenkönig muss seinen Thron in dieser feurigen Intensität räumen, sein Reich verdunstet. So geschieht ein Erwachen aus einem jahrhundertealten Weltenschlaf.

Beobachte nicht die Aktivitäten deines Egos, sondern das Licht dahinter!

WAS IST DER SCHLAF?

Der Tod ist weder dein Freund noch dein Feind, er ist das, was dich in Wirklichkeit nie berührt hat. Der Tod kann deinen Körper brechen, doch niemals die Erhabenheit deines universellen Hierseins. Du bist das Lebendige im Leben, das Zeitlose in der Zeit. Der Tod betrifft die Form, die überlagerte Körpervorstellung im Bewusstsein und nicht dich. Wenn deine Zeit auf der Bühne der Welt abgelaufen ist, wird dein Körper in die Erde gelegt oder im Feuer verbrannt, doch was kümmert dich das, da du wirklich nie der Körper warst. Das Fleisch ist von Geist durchdrungen, doch Geist ist nicht Fleisch.

Man sagt, dass der Schlaf der kleine Tod sei – mag sein, doch Gott, Geist, schläft nie. Was ist Schlaf und wie schläfst du ein, was geschieht da? Die Naturwissenschaften erklären es so: Durch die Ausschüttung des Hormons Melatonin im Gehirn wird der Schlaf eingeleitet. Doch wie gelangst du mit allem, was du bist, weißt, fühlst und denkst vom Wachzustand in die Traumwelt, in den traumlosen Tiefschlaf? Wie kommt diese Bewegung zustande? Um einschlafen zu können, musst du alle Gedanken zurückweisen, auch die Menschen, die sich mit dir in der Wohnung aufhalten, deine Familie, die du liebst, alles, was du dein Eigen nennst und als zu dir gehörend empfindest. Alles musst du im Gehirn zurückweisen, sonst ist es dir nicht möglich einzuschlafen. Um einzuschlafen, lässt du deinen Körper und mit ihm die ganze Welt zurück, denn nichts, absolut nichts, kannst du aus der Wachwelt in den Schlaf mitnehmen. So drängt sich hier die Frage auf: Wie wirklich ist der Wachzustand, in dem du in diesem Moment diese Zeilen liest, und wie wirklich ist der Traumzustand, in den du, nachdem du den Wachzustand verlassen hast, einfließt? Wenn sich das Ich-Bewusstsein aus der Wachwelt zurückzieht, um dann in Traumwelten weiterzuwandeln, wie weiß das vom physischen Körper abgewandte Bewusstsein, in welchen Körper es am nächsten Morgen zurückkehren muss? Es könnte sich ja in den Körper des Nachbarn verirren, doch dies geschieht mit Sicherheit nicht.

Geist wandelt nicht und geht auch nicht von einem Zustand in einen anderen über. Es sind die projizierten, überlagerten Ich-Bewusstseinszustände, die erscheinen und sich wieder auflösen. Wachzustand, Traumzustand und Tiefschlaf wechseln sich im Bewusstsein ab, wobei der Tiefschlaf an sich nicht als Zustand bezeichnet werden kann, da im Tiefschlaf keine mentale oder emotionale Regung oder Bewegung stattfindet und somit auch keine Erinnerungsspuren vorhanden sind. Das Ich-Bewusstsein ist zeitgebunden. Es braucht den physischen Körper, um sich zu manifestieren und um bestehen zu können. Geist, Totalität jedoch ist frei und unberührt vom Bewussten, frei von Wechseln und Abläufen und frei vom Manifestierten. Die Wachwelt und die Traumwelt existieren als bloße Spiegelungen im Bewusstsein. In der Wechselwirkung zwischen dem, was erscheint, und dem, was vergeht, tritt die konzeptuelle, illusorische Vorstellung »Ich bin geboren, ich werde sterben, ich bin wach und ich werde schlafen« in Erscheinung. Das Ich ist die Grundlage für die Wach- und die Traumwelt. Das bedeutet, dass alle phänomenalen Objekte von dem, was ich bin, abhängig sind. Das Ich projiziert und manifestiert Raum und Zeit, ist aber selbst nicht in Raum und Zeit. Es *erscheint* in Raum und Zeit, als Raum und Zeit, doch Raum und Zeit und auch das Ich sind lediglich Konzepte. Objekte werden nur dann sinnlich wahrnehmbar, wenn sie sich in Raum und Zeit in der Vorstellung »Ich bin« manifestieren und ausdehnen. Aus dieser »Ich-bin«-Vorstellung werden Objekte bemessen und verstanden. Das zeigt, dass nichts getrennt vom »Ich bin« existieren kann und dass alles, was erscheint und vergeht, »Ich bin« ist. Also erkenne, was du wirklich *nicht* bist.

Kannst du dich selbst beim Einschlafen beobachten und den Übergang von der Wach- in die Traumwelt erleben und bezeugen oder bestimmen? Sicher nicht! Im Bruchteil eines Momentes verflüchtigt sich die Wachwelt und mit ihr der Denker und die Gedanken, der Wissende und das Gewusste. Der Übergang ist eine Erfahrung ohne Erfahrenden. Das Ich ist machtlos. Es hat absolut keine Kontrolle und keine Macht über den Schlaf, denn Schlaf ist eine kosmische Macht, die das Ich weder steuern noch beherrschen kann. Eine unbekannte höhere Intelligenz holt dich wie auch alle anderen Lebewesen behutsam in der Wachwelt ab und nimmt dich sanft in die Traumwelt und den Tiefschlaf mit. Diese kosmische Macht ist die Kraft, die körperliche Formen erscheinen lässt und wieder auflöst. Geist ist Stille und die Substanz des Lebendigen im Leben, das All-Licht. Das Ich-Bewusstsein ist wie ein Schatten der Sonne. Schatten sind Phänomene des Sonnenlichts, doch Sonnenlicht ist und bleibt schattenlos. Du bist wie Sonnenlicht. Du hast die physische Welt nie berührt, obwohl du auf der relativen Ebene als Körper im Weltenraum erscheinst. Du bist Geist, das universelle Bewusstsein, in dem sich die sichtbare Welt spiegelt und manifestiert. Demzufolge kannst du nichts anderes als der lebenspendende Geist selbst sein, die heilige Substanz von allem, was ist. Es scheint, als ob in der Traumwelt verborgene Wünsche, Urängste, symbolhafte Wunschkräfte und nicht befriedigte Fantasien aktiv werden, die gleichsam wie in der Wachwelt durch den Erkennenden erkannt werden und durch den Erlebenden erlebt werden. Tief gesehen, ist jedoch weder die Wachwelt noch die Traumwelt wirklich, sie sind beide bloße zeitgebundene Erscheinungen im zeitgebundenen Ich-Bewusstsein, folglich das, was du wirklich *nicht* bist. Der Wachzustand, der Traumzustand und der Tiefschlaf gehören zur vergänglichen Welt und existieren lediglich als Projektionen im Bewusstsein, wobei der Tiefschlaf an sich keine Projektion ist, da im Tiefschlaf alle Sinnesaktivitäten, die die Welt projizieren, inaktiv sind. Der Tiefschlaf ist wie ein Hafen, in den alle sinnlichen Aktivitäten zurückfließen und dort in absoluter Inaktivität ruhen. Das zeitgebundene Ich-Bewusstsein ruht im Schoß des Tiefschlafs, wobei im Tiefschlaf nichts vorhanden ist, das dies bezeugen könnte. Der Tiefschlaf ist das Ende der Welt, denn ohne Ich-Bewusstsein gibt es keine Welt, da das Ich-Bewusstsein die Welt selbst ist. Das gesammelte Wissen, die ganzen scheinbar bewiesenen Fakten der naturwissenschaftlichen Forschung und die vom Verstand konstruierten Weltvorstellungen werden im Bruchteil eines Augenblicks vom Tiefschlaf aufgesaugt und zunichte gemacht. Das Ego und seine Herrschaft werden im Tiefschlaf gebunden und zur Ruhe geführt. Alle Handlungen, die du im Wachzustand ausführst, basieren auf dem Konzept »Ich bin«, und »Ich bin« ist die Wach- und die Traumwelt selbst. »Ich bin« ist der Denker, und aus Gedanken entstehen Welten. Am Morgen, wenn du im Bett aufwachst, bezeugst du, ich habe gut oder schlecht geschlafen. Doch was du bezeugst, ist nicht der Schlaf an sich, sondern nur gewisse Umstände in Bezug auf die Qualität der Befindlichkeit deiner Ruhephase, die du jedoch im Wachzustand bezeugst. Den Tiefschlaf selbst kannst du nicht bezeugen, da im Tiefschlaf die Welt nicht existiert. Das Ego, das sich selbst zelebriert und auf seine Errungenschaften und Veränderungen stolz ist, wird vom Schlaf abrupt gestoppt. Der oberflächliche Aktivitätsrausch des Egos wird vom Schlaf absorbiert und beendet alle Erinnerungen, auch die Vorstellungen von Leben und Tod. Der Tiefschlaf ist wie eine unsichtbare Strömung, in der die inneren Wasser der Welt zu dieser wunderbaren, vertrauensvollen Quelle zurückfließen. Sonderbar, du fürchtest dich nicht, einzuschlafen, doch du fürchtest den Tod!

Es scheint in deiner Psyche einen unsichtbaren Abfluss zu geben, durch den sich die Wachwelt zurückzieht und in die Traumwelt übergeht. Der Träumer in der Traumwelt ist der gleiche wie in der Wachwelt, nur scheinen die wahrgenommenen Projektionen gemäß den unterschiedlichen Umständen in den Raum-Zeit-Dimensionen in ihrer Erlebbarkeit verschieden zu sein. Die Wachwelt und die Traumwelt sind zwei sich abwechselnde Erscheinungen, die sich im einen Bewusstsein spiegeln. Nach der Wachwelt fließen der Träumer und das Geträumte in den Tiefschlaf zurück, und hier endet die Reise des Träumenden, der träumt.

Das, was du weißt und siehst, kann nicht wirklich das sein, was du bist, denn das, was du *wirklich* bist, verändert sich nie. Das, was du als wirklich betrachtest, weil es als Objekt gesehen und verstanden werden kann, ist nur scheinbar wirklich, sei dessen gewahr. Du kannst auch nicht das sein, was du suchst, da du das, was du suchst, bereits bist. Das Denken und der Verstand kreieren und organisieren den großen Selbstbetrug, sie erschaffen die Konzepte von Leben und Tod. Die Welt, die sich in deinem Gehirn in komplexen chemischen Prozessen zusammensetzt und wieder auflöst, erschafft auch das Konzept »Ich bin«. Durch diese subjektiven Abläufe und Bewegungen im Gehirn entsteht ebenfalls das starke Gefühl, von den anderen getrennt zu sein und allein und isoliert in der Welt zu existieren. Du erscheinst in der Welt, bist aber nicht von dieser Welt, denn die Wirklichkeit liegt jenseits des Verstandes. Die Natur im Ganzen als die bewusste Außenseite Gottes zu entdecken, führt dich zurück in die grenzenlose Innenseite. Das ursprüngliche Werk im Hier und Jetzt, das sichtbare, expansive Universum, das sich im Bewusstsein als Weltbetrachtung manifestiert, zeugt von einer unermesslichen Herrlichkeit jenseits der kosmischen Bewegtheit. Die Evolution des Weltalls ist wie ein Standbild vor der Bewegtheit deines Denkens, das sich als solches im Bewusstsein spiegelt. Die Welt existiert nur als Wahrnehmung.

Du kannst dir beim Einschlafen nicht selbst zusehen und den Übergang von der Wachwelt in die Traumwelt nicht objektivieren, denn in diesen Übergangsmomenten vollzieht sich eine Art »Verflüssigung des Lebens«, an der der Verstand nicht beteiligt ist. Alle Gedanken lösen sich auf, das Wesen fließt ins Bewusstsein zurück. Trotz der Abwesenheit des wahrnehmenden und verstehenden Ich gab es im Tiefschlaf keinen Unterbruch in deinem Hiersein. Der Übergang von der Wach- in die Traumwelt hat im Bewusstsein stattgefunden und nicht in dir; denn in dem, was du *wirklich* bist, ist nie etwas geschehen oder vorgefallen, da es die Wachwelt und die Traumwelt in Wirklichkeit gar nicht gibt. Du bist ereignislose Stille.

BEWUSSTSEIN UND GEWAHRSEIN

Kannst du den Moment des Übergangs von deinem Leben in den Tod wahrnehmen? Kannst du in den letzten Augenblicken deines irdischen Daseins verstehen, was mit dir geschieht? Eigentlich ist es ja nicht der Übergang vom Leben in den Tod, der dich beschäftigt und beunruhigt, sondern die Gedanken an das, was du zurücklassen musst: deinen Körper, der dir ein Leben lang das Nächste und das Vertrauteste war, und das Umfeld, in dem er lebte. Sei gewahr, dass das, was du zurücklässt, nichts als Gedanken sind, Gedanken an eine flüchtige Körpererscheinung, mit der du dich viele Jahre identifiziert hast. Erwachen ist ein anderes Wort für Losgelöstsein. Erwachen ist ein identifikationsfreies Gewahrsein dessen, was im Bewusstsein abläuft. Wenn du erwachst, also losgelöst bist, erkennst du, dass die phänomenale Welt nichts als eine Erscheinung im Bewusstsein ist. Leben, Tod und Übergang existieren nur als Vorstellungen im Bewusstsein. Benimm dich nicht so und denke nicht so, als seiest du ein Objekt, ein Etwas. »Ent-wirre« dich von dieser Illusion, entwirre dich von dem, was du *wirklich nicht* bist!

Die einsame, schattenhaft eingrenzende Macht, die eine Seele von der anderen trennt, löst sich im Erwachen auf, und auch die große Sehnsucht, zu werden, verdunstet. Im tiefen Erwachen fügt sich die Seele in stillem Staunen in die große Stille ein, in die Unermesslichkeit der universellen Liebe. Werde dieser unermesslichen Herrlichkeit, der heiligen Weite jenseits der körperlichen Gestalt und des Verstandes gewahr und realisiere, dass du dies bist! Du und der kosmische Raum sind nicht verschieden, daher ist der Ort, an den du hingehst, der Ort, an dem du bereits anwesend bist. Jeder Ort bist du, doch in Wirklichkeit bist du »ortlos«. In dieser Ortlosigkeit sind keine Gedanken, denn das, was du wirklich bist, ist kein Gedanke. Nur ein Objekt kann ein Gedanke sein. Den Verlust des Tagesbewusstseins und den Übergang in den Schlaf fürchtest du nicht, weil du sicher bist, am nächsten Morgen wieder in deinem Bett zu erwachen. Aber woher weißt du das? Diese Sicherheit entspringt dem konditionierten Denken, das auf Kontinuität und Werden ausgerichtet ist, doch diese Sicherheit ist nichts als eine Vorstellung, eine Illusion. Seit deiner Geburt bist du Hunderte Male eingeschlafen und wieder erwacht, deswegen bist du von der Kontinuität deines Lebens überzeugt. Doch irgendwann, in einem nicht planbaren Moment, schleicht sich der Tod ins Leben und beendet abrupt die Kontinuität. So wie der Schlaf an einer unbekannten Schnittstelle im Wachbewusstsein die Oberhand über das Tagesbewusstsein gewinnt, so gewinnt der

Tod an einer unbekannten Schnittstelle im Lebensbewusstsein die Oberhand und beendet das physische Leben.

Der Tod kommt nicht von irgendeiner dunklen mystischen Sphäre, die außerhalb von dir existiert, in dich hinein. Er war schon vom ersten Moment, nach der Befruchtung der Eizelle in der Gebärmutter deiner Mutter, immer bei dir, eingebettet in dein Leben. Der Tod ist der uralte, unabtrennbare Weggefährte des Lebens. Er ist es, der die äußeren Erscheinungen im Bewusstsein beendet. Die illusionären Erscheinungen im Bewusstsein, während du im physischen Erdenkörper lebst, zu löschen, nennt man Erlösung oder Selbstverwirklichung. Wenn dies geschieht, dann wird das Leben zur Wonne, erfüllt von unbeschreiblicher Lieblichkeit. Die Seele wird von einer unsterblichen herrlichen Macht umarmt und durchtränkt mit heiliger Gnade. Stirbst du, bevor du tot bist, ist dein Dasein lichterfüllt und du realisierst, dass du die Welt nie berührt hast. Es mögen Ereignisse stattfinden und es mag auch dich, die Person, mit ihren Wünschen, Hoffnungen, Leidenschaften und Sorgen geben, doch ohne Bewusstsein gäbe es keine Bewusstheit und ohne Bewusstheit keine Ursachen und keine Auswirkung der Ursachen. Das Ich-Bewusstsein ist der Schoß von Leben und Tod, also transzendiere es. Wenn du der Unwirklichkeit des Ich-Bewusstseins gewahr wirst, dann verschwindet es und mit ihm alle Erfahrungen und auch der Erfahrende. Die Berührungsfreuden, die durch die Sinne erlebbar werden, zeugen von etwas Tiefem, von etwas Überpersönlichem, einer inneren Schönheit, die alle Lebewesen gleichermaßen bewusst empfinden. Alles, was erlebbar ist, ist Bewusstsein, doch so etwas wie mein und dein Bewusstsein gibt es nicht, da Bewusstsein an sich weder Subjekt noch Objekt ist. Die vielschichtigen Lebensinhalte, die als Informationen und Prägungen im Gehirn gespeichert sind, bestimmen den Lauf deines Lebens und nähren die Illusion eines individuellen Lebens. Diese Prägungen sind die Grundlage, das Gewebe der illusionären Welt, sie sind auch die Grundlage für deine gesamte Kommunikation in der verdichteten Materie. Das kommunizierende Ich jedoch existiert bloß als Spiegelung im Bewusstsein, und die bist du *nicht!* Dass sich eine körperlose Energie in einen materiellen Körper kleidet und durch diesen die subtilen Dinge der Welt sichtbar und erlebbar macht, ist wahrlich ein Wunder, und dass die Körpererscheinung durch eine körperliche Erscheinungswelt wandelt, ist ein noch größeres Wunder. Aus deinen Lebenserfahrungen, die im Gedächtnis gespeichert sind, gestaltest du dein Leben und bestimmst deine Lebensziele. In deiner Vorstellung von deiner Wanderung durchs Leben, deinem Lebensweg, erlebst du Freuden, Erregungen, Leidenschaften, Monotonie und bittere Enttäuschungen und spürst den Drang, vieles ausprobieren zu wollen. Diese Aktivitäten und Themen sind nichts anderes als verschiedene Dekorationen des Ich-Bewusstseins. Sei dir deshalb bewusst, dass diese Themen in sich hohl sind und keine reale Existenz haben. Das, was du *wirklich* bist, ist frei von Themen, Willensaktivitäten und Schicksal.

Befindet sich der Inhalt des Gedächtnisses wirklich in den Zellen des physischen Gehirns, oder ist das Gehirn nur das Instrument, eine Schaltstelle des Gedächtnisses? Geist und Bewusstsein sind mit dem Gehirn verknüpft, dies zeigt sich im Gewahrsein. Erkenne, dass bei all dem, was du täglich tust, auch bei den komplexesten Dingen, die du ausführst, du dir eigentlich gar nicht bewusst bist, dass du sie tust. Du handelst mehr aus dem Unbewussten als aus dem Bewussten, aus den gespeicherten Erinnerungen und den vielen Vorerfahrungen, die ins Unbewusste abgesunken sind. Diese unbewussten Energien steuern und bestimmen maßgeblich dein Denken, Fühlen und Handeln. In den verschiedenen Regionen und komplexen Schaltstellen im Gehirn werden Abermillionen Impulse und Eindrücke verarbeitet, die sich zu dem, was du als wahrnehmbare und erlebbare Sinneswelt erlebst und erfährst, zusammenfügen. Ohne Bewusstsein wäre dir die im Gehirn zusammengefügte Sinneswelt nicht bewusst, und das Gehirn könnte nicht über sich selbst nachdenken. Geist könnte man philosophisch als die Intelligenz, die die ganzen neuronalen Prozesse lenkt und ermöglicht, erklären. Doch Geist ist viel mehr. Er ist nicht nur die Grundlage von *allem, was ist – er ist alles, was ist.*

Die Impulse, die aufgrund sinnlicher Stimulation aktiv sind, werden in verschiedenen Regionen des Gehirns als materielle Informationen verarbeitet. Die Mechanismen, die komplexen Prozesse, durch die sich die Sinneswelt im Gehirn zusammensetzt, sind in allen Menschengehirnen der Welt dieselben. Vergiss jedoch nicht, dass du nicht das Gehirn im Kopf bist, sondern das, was sich dessen gewahr ist. Du bist weder das Wissende noch das Gewusste. Was einen Menschen vom anderen unterscheidet, abgesehen von seinem Aussehen, seinem Geschlecht und seiner kulturellen Herkunft, sind die unvorstellbar großen Mengen an verschiedensten Informationen, die in seinem Gedächtnis im Unterbewussten gespeichert sind. Die gesammelte und erinnerte Informationsflut im Gehirn bildet das Gesamtwissen jedes einzelnen Menschen, und der Mensch identifiziert sich mit seinem Wissen und definiert sich selbst aufgrund des Gewussten. Als wissendes Wesen empfindest du dich als ein Individuum und nimmst aus dieser Perspektive deine Welt wahr, die du gemäß deinem Vorwissen ständig neu interpretierst und neu gestaltest, und du bist überzeugt davon, dass der Lebensraum, in dem du dich aufhältst, nur dir gehört und niemand anderem. Sonderbar! Geist definiert sich über das Bewusstsein mittels der Körperprojektion, die im Bewusstsein erscheint und vergeht und verstrickt sich in Ansprüchen und Vorstellungen. Je mehr spezifisches Wissen der Mensch in seinem Gedächtnis gespeichert hat und nicht mehr vergisst, desto höher ist sein Ansehen in der Gesellschaft, denn das zeigt, dass er viel gelernt hat und somit ein Wissender ist.

Ohne Wissen kann man unmöglich auf der Erde leben. So ist man ständig bemüht, durch das Lernen und das Sichaneignen von neuen Wissensgebieten den Gedächtnisspeicher zu erweitern, zu ergänzen oder Korrekturen anzubringen. Viel zu wissen erscheint als attraktiv, da es eine bessere oder bevorzugte Positionierung in der Gesellschaft ermöglicht. So scheint sich das Sprichwort »Wissen ist Macht« in der konzeptuellen Gesellschaftsform, in der wir leben, bis zu einem gewissen Punkt zu bestätigen. Ja, du kannst vieles lernen und vieles wissen, nur das, was du *wirklich* bist, kannst du nicht lernen oder wissen. Das Zeitlose entzieht sich der materiellen Wissenssphäre, der engen, in sich selbst eingeschlossenen Denkwelt. Durch religiöses Wissen und eine kultivierte Sprache entsteht die Illusion, dass man sich so Gott, dem Ewigen, nähern könnte. Doch mit Denken, Wissen und Handlungen kann man sich nicht zu Gott erheben oder in Gott eingehen, wie man sich das vielleicht vorstellt oder es gerne hätte.

Spirituelle Übungen, Rituale und Gebete wecken tiefe, schöne, religiöse Gefühle, aber diese erzeugten Gefühle können wieder verblassen und verschwinden. Es scheint allerdings, dass durch mechanisches Wiederholen dieser Handlungen das Verschwinden der religiösen Gefühle vorübergehend verhindert werden kann. Doch was erzeugt wird, wird sich wieder auflösen, da das Erzeugte aus dem Bemühen der subjektiven Willensaktivität des relativen Ich-Bewusstseins entstanden ist. Belebe nichts, denn das, was du *wirklich* bist, ist jenseits von Existenz und Nicht-Existenz, jenseits von subjektiven Gefühlen und Glauben oder Nicht-Glauben. Das Zeitlose, das Ewige, ist nicht etwas Angeborenes, das mit dir und in dir in der Welt existiert. So wie sich Licht nicht mit Schatten mischt, so mischt sich Zeitloses nicht mit der Zeit. Es gibt keine Gemeinsamkeit, aber ohne Licht gäbe es auch keine Schatten. Die Vorstellung, dass es aus der Sterblichkeit einen Weg in die Unsterblichkeit gäbe, ist eine Illusion, die aus dem Gedanken »Ich bin« entstanden ist. Das Bewusstsein nimmt die Identität einer bestimmten Form an und vergisst dabei seine wahre Natur.

Wissen formt die Vorstellung, die du von der Welt hast. Das Gewusste ist die Welt. Da sich aber deine Vorstellungen wie auch dein Wissen ständig verändern, weißt du eigentlich nie genau, was und wie diese Welt eigentlich ist. Je nach Gemütszustand erscheint die Welt einmal schön und ein anderes Mal hässlich, einmal als Himmel und ein anderes Mal als Hölle, doch diese Gemütsregungen sind nicht das, was du *wirklich* bist. Die mentalen Unruhen, die subjektiven Projektionen von Leben und Tod vermögen nie die große Stille zu berühren oder in diese einzudringen. Für das Ich-Bewusstsein hingegen ist Ganzheit unbekannt. Wenn ein Objekt als Objekt gesehen wird, muss es ein von diesem Objekt verschiedenes Subjekt geben, doch weder das Objekt noch das Subjekt existieren wirklich – *du bist Gewahrsein*. Der Wanderer hat das Haus nie verlassen, denn weder er noch das Haus existieren wirklich. Dies zu realisieren, ist Selbstverwirklichung.

DIE MACHT DES WISSENS

Durch das Bewusste wird das Gewusste projiziert, und das Gewusste ist das Bewusste. So erscheint im Bewusstsein die bewusste Vorstellung eines Erlebenden zusammen mit dem, was er zu erleben meint. In dieser Dynamik wird eine ungeheure Bewegtheit in Gang gesetzt, die sich als mitreißender Lebensstrom mit Stürmen und Wirbeln, mit Höhen und Tiefen im Bewusstsein offenbart. Der Beobachter beeinflusst das, was er beobachtet, wobei das Beobachtete nicht etwas Feststehendes, Substanzielles oder Objektives ist, denn das Beobachtete verändert sich in Abhängigkeit zum Beobachter. Der Beobachter erschafft seine Wirklichkeit und beeinflusst diese, deshalb gibt es so etwas wie eine objektive Wirklichkeit nicht. Was du als Wirklichkeit beobachtest, verstehst und bewertest, ist ein Produkt des Ich-Bewusstseins.

Das Ich-Bewusstsein ist der Schöpfer des vehementen, unkontrollierbaren und unberechenbaren Lebensstroms mit seinen unzähligen guten und unguten Gedanken und Emotionen. Diesen Strom, diese Kräfte versuchst du zu bändigen, zu kontrollieren und zu beherrschen, doch jegliche willentliche Anstrengung verdichtet und verstärkt die illusionäre Vorstellung, ein Individuum, eine Persönlichkeit zu sein. Das, was du glaubst zu sein, ist sicher nicht das, was du *wirklich* bist. Das Ich ist der Produzent und gleichzeitig auch das Opfer seiner eigenen Produktion, seiner eigenen Projektionen. Das Ich erscheint auf der großen Bühne des Welttheaters, doch weder das Welttheater noch der Produzent noch der Schauspieler, der auf der Bühne seine Rolle spielt, existieren wirklich.

In den Abgründen der Zeit, wo Gewalt und Lieblosigkeit wohnen, wo die willensgetriebenen Menschen am Werk sind, werden vom Ich spezifische Machtinstrumente kultiviert. Eines dieser Machtinstrumente ist, wie wir bereits gesehen haben, das Wissen. Das heißt, dass Menschen, die mehr wissen, jenen, die weniger wissen, auf der Wissensebene überlegen sind. So wurden im Laufe der Menschheitsgeschichte ganze Gesellschaftsschichten kontrolliert, manipuliert, unterdrückt und bewusst von den Ressourcen des Wissens ferngehalten. Geheimdienste, religiöse und andere Institutionen haben diese Wissenswaffe sehr bewusst eingesetzt und machen das noch heute. Das zeigt, dass das Ich die Ursache aller Korruption ist, ja, Korruption selbst ist.

Doch Wissen hat viele Gesichter. Im Laufe der Jahrhunderte wurden gigantische Mengen an Wissen zusammengetragen. Unaufhörlich wurde das Gewusste mit neuem Wissen ergänzt, erneuert und aktualisiert. Das durch Erfahrung gereifte Wissen ermöglichte es der Menschheit, das Tor in ein technisches Zeitalter aufzustoßen. Gigantische Errungenschaften, die der gesamten Menschheit dienen, wurden erfunden und erschaffen. In der Medizin, der Physik, der Biochemie, in der weltweit vernetzten Telekommunikation, in der Luftfahrt, der Architektur und vielem mehr hat die Menschheit in den letzten sechs bis sieben Jahrzehnten einen wahren Quantensprung vollzogen. Weltweit verändern sich in rasanter Geschwindigkeit die Gesellschaftsstrukturen. Die sozialen Probleme, die vielen Kriege, die Hungersnöte, der zunehmende Mangel an sauberem Trinkwasser und die ganzen komplexen Umweltprobleme, die dieser Wandel der Strukturen mit sich bringt, zwingen die Menschheit, umzudenken und die alten Wege zu verlassen. Um sich jedoch neu orientieren zu können, müssen die alten egozentrischen Denkmodelle relativiert und aufgelöst werden, um den großen, vernetzten globalen Herausforderungen zu begegnen. Das ist effektiv leichter gesagt als vollbracht, denn die konditionierten Denkmodelle der Menschen sind eng geschnürt. Das programmierte und konditionierte Denken und das gesamte gesammelte Wissen stoßen an Grenzen. Es scheint, als ob die aktuellen Ressourcen des generellen Wissens und das damit verbundene egozentrische Denken für die Lösungen der Probleme von morgen nicht genügen. Der materialistische Intellekt stößt an die

Grenzen seines Fundamentes, das Ego mit seiner pervertierten, zerstörerischen Tüchtigkeit wird ernüchtert. Doch Menschsein ist wahrlich etwas Grandioses, sei dessen tief gewahr! Menschsein bedeutet, hellwach, verantwortungsvoll und bewusst in der Welt zu leben, denn die Welt ist genau das, was du bist. Sei vollkommen in der Welt und vollkommen nicht von dieser Welt! Erwachen beendet jeglichen Fatalismus und Fanatismus und löscht alle eingrenzenden und illusorischen Denkmodelle aus. Erwachen ist keine religiöse Weltflucht und kein spirituelles Abheben, sondern ist sehr konkret: beide Füße auf dem Boden und den Kopf im ewigen, im spirituellen Universum.

Schaue tief in dich hinein und erkenne, dass das gesammelte Wissen nur innerhalb der räumlich und zeitlich eingeschlossenen Denkwelt seine Wichtigkeit, seine Wirksamkeit und seine Gültigkeit hat. Sei gewahr, dass das, was du *wirklich* bist, Nicht-Wissen ist. Denn dich selbst kannst du nicht wissen. Du bist in der Welt, aber nicht von dieser Welt, du bist Ganzheit, Totalität. Alles, was du weißt, bist du nicht, und das, was du nicht weißt, kannst du nicht werden. Wissen und Werden bestehen nur als überlagerte Vorstellungen im Bewusstsein, und weil sie illusorisch sind, berühren sie dich nicht. Wissen und Denken spielen für dich nur deshalb eine so große Rolle, weil du bis jetzt noch nicht über das Denken und das Wissen hinausgegangen bist.

Ist der Tod und alles, was du über ihn weißt, nur das, was du in deinem Gedächtnis gespeichert hast? Das Kleinkind fürchtet weder das Leben noch den Tod, es lebt im Moment. Der erwachsene Mensch hingegen hat im Laufe seines Lebens oft viele traurige Erfahrungen gemacht. Er hat Menschen oder Lebewesen, die ihm nahe waren, verloren. Schmerzhafte Erinnerungen von Abschied und Verlust prägen sich stark ins Gedächtnis ein, deshalb empfindet er den Tod als eine Art bewusstlose Leere, als lichtlos und kalt, als eine Finsternis, in der alles Handeln, Fühlen und Denken endet. Das Ich möchte sich diesen unbequemen Erinnerungen entziehen und die Gedanken an den eigenen Tod negieren. Das Ich fürchtet nichts mehr als sein eigenes Ende, deshalb befasst es sich in der Sterblichkeit mit der Unsterblichkeit. Der Verstand versucht Undenkbares zu denken und sich Unvorstellbares vorzustellen. Das Ich erhofft und wünscht sich ein Weiterleben nach dem Tod, es möchte Kontinuität. Das Denken befasst sich mit abstrakten Vorstellungen. Der Verstand versucht, aufgrund von Gehörtem, Gelesenem und Gesehenem seine eigene Situation zu prüfen und so seine Möglichkeiten auszuloten. Das Ich will weiterleben und sich seine Herrschaft sichern, doch der Gedanke »Ich bin« ist die Geburt der Zeit, also die Geburt von Leben und Tod selbst. »Ich bin« identifiziert sich mit dem, was »Ich bin« sich vorstellt. Durch diesen illusionären

Vorgang nimmt »Ich bin« sich selbst gefangen. »Ich bin« ist die Gefängniszelle, der Gefangene und der Gefängniswärter selbst. Das ist die Tragödie von »Ich bin«.

Du glaubst etwas zu sein, obwohl du dieses Etwas nie warst. Du glaubst Situationen und Erfahrungen zu erleben, obwohl nie wirklich etwas geschehen oder vorgefallen ist in dem, was du *wirklich* bist. Durch Glauben, Hoffen, Beten und verschiedene Rituale versucht sich das Ich, sein Leben nach dem Tod zu organisieren, und hofft, nach dem Tod in einer vergeistigten Gestalt sorgenfrei in lichtvollen Himmeln weiterleben zu können. Das Ich-Bewusstsein ist beim Ausüben dieser Tätigkeiten nicht gewahr, dass es selbst keinerlei reale Existenz hat. Himmel und Höllen, Leben und Tod existieren für das Ich-Bewusstsein nur, weil es selbst die Ursache und die Wirkung dieser Vorstellungen ist. Sei gewahr, dass es außerhalb des Denkens nie eine Welt gegeben hat. Leben und Tod sind nichts als Interpretationen von Abläufen in der Welt, Interpretationen von einem scheinbaren Anfang und einem scheinbaren Ende des Lebens und der Welt. Wenn du erwachst, bist du dir bewusst, dass du nie der Körper und nie der Verstand gewesen bist. Bewusstsein, in dem sich die Welt spiegelt, scheint durch Bewusstwerdung und Identifikation mit der Spiegelung der Vorstellung »Ich bin« zu unterliegen. Durch

Täuschung wird Unvergängliches zu Vergänglichem und Zeitloses zeitlich gebunden. Doch du bist weder Form noch formlos, weder sterblich noch unsterblich, du bist Totalität. Das identifizierte Bewusstsein glaubt an die erlebbare Sinneswelt, an Leben, Tod und Wiedergeburt und an das Gute und das Böse in der Welt. Oh ja, das alles gibt es für das Ich, weil »ich« nichts anderes ist als das. Durch dein spirituelles Suchen scheinst du dir selbst beweisen zu wollen, dass es dich wirklich gibt. Der Moment, in dem du jetzt diese Zeilen liest, ist das, was du *wirklich* bist, denn außerhalb dieses Momentes existiert nichts. Deine Suche nach der von dir gesuchten Einheit ist dein Problem, denn du warst nie etwas anderes als das, was du suchst. Du identifizierst dich fälschlich mit dem, was du *nicht* bist, deshalb bist du auf der Suche. Die Welt und das ganze Universum existieren innerhalb der Totalität, deshalb existieren sie wirklich. Sie existieren, weil sie ihre Realität von der untrennbaren Einheit beziehen. Man nennt die Welt und das sichtbare Universum unwirklich und illusorisch, weil sie erscheinen, vergehen und veränderlich sind. Die Totalität nennt man Totalität, weil sie unveränderlich ist – die Essenz von *allem, was ist*.

Der Tod ist ein Thema, das die Menschen immer beschäftigt. Die Religionen weisen auf etwas hin, das über den Tod hinausgeht, auf ein Leben nach dem Tod, auf andere Welten und Sphären. Der christliche Glauben ist geprägt durch die Kreuzigung, den Tod und die Auferstehung von Jesus Christus. Ob die Auferstehung, so wie es in der Bibel geschrieben steht, wirklich stattgefunden hat, daran zweifelt die Naturwissenschaft. Man nimmt an, dass die Auferstehungsgeschichte eher allegorisch, als Metapher zu verstehen sei, da es für die physische Auferstehung von Jesus Christus keine stichhaltigen wissenschaftlichen Beweise gäbe. Dass es Gott gibt, lässt sich ebenfalls nicht naturwissenschaftlich beweisen, aber dass es IHN nicht gibt, auch nicht! Die einen glauben, dass es Gott gibt und dass Jesus von den Toten auferstanden ist, andere sind überzeugt, dass es weder Gott noch Auferstehung gibt. Was Gott wirklich ist, kann man nicht wissen, ebenso wenig kann man wissen, was Gott *nicht* ist. Warum existiert das Universum und warum ist es so, wie es ist? Warum entstanden im Universum Bedingungen, Eigenschaften und Möglichkeiten, die auf einem kleinen Planeten in einer relativ kleinen Galaxie menschliches Leben ermöglichten? Vor etwa 13,5 Milliarden Jahren wurde aus dem Urknall das Universum geboren, doch was war vor dem Urknall und warum kam es zu dieser gigantischen Explosion? Das sind Fragen, die sich nicht einfach beantworten lassen, weder von den Naturwissenschaften noch von den religiösen Instanzen.

Nietzsche hat mit seiner Aussage »Gott ist tot« die Gottgläubigen zutiefst erschüttert und entsetzt und die Atheisten in ihrer Meinung bestärkt. Für die organisierten Religionen jedoch gibt es keinen Zweifel, dass Gott existiert. Diese zwei Glaubensmodelle spalten die Menschheit. Also, was soll man glauben, was kann man glauben? Die Grundlage von allem, das absolute Potenzial, könnte man Gott nennen, doch Manifestation tritt nur durch das Konzept »Ich bin« in Erscheinung. Das »Ich-bin«-Konzept ist das subjektiv projizierte und wahrgenommene Universum. Der Wahrnehmende und das Wahrgenommene spiegeln sich im Bewusstsein, und das Bewusstsein ist ein Reflex im absoluten Potenzial, in dem, was du *wirklich* bist. Da du immer hier und jetzt bist, kannst du gar nicht sterben. Schöpfung und Zerstörung gibt es nur für das Ich und nicht für das, was du *ewig* bist. Dies zu realisieren, könnte man vielleicht auch Auferstehung nennen.

Liebe ist das, was sich nicht einmischt, deshalb nennt man sie heilig oder Gott.

DER TANZ DES TODES IM LEBEN

Der eigene Tod ist ein im Bewusstsein aufsteigender Gedanke, der eine tiefe Auseinandersetzung mit dem Sinn dieses Wortes auslöst. Das Wort Tod verknüpfst du mit einem Ereignis, von dem du sicher bist, dass es irgendwann stattfinden wird und dass es das Ende deines physischen Lebens bedeutet. Die emotionale Gedankenenergie, mit der das Wort Tod geladen ist, wirkt tief in deinem Ich-Bewusstsein. Durch die Sinne hast du wahrgenommen, wie es anderen Lebewesen ergangen ist, wenn der Tod ihr Leben beendet hat. Du kennst den Zeitpunkt deines Todes nicht, doch du weißt, dass irgendwann in einem besonderen Moment der Tod in dein Leben einfließen und dein körperliches Dasein in der Welt beenden wird. Nichts ist sicher in dieser Welt, außer dass du diese physische Welt irgendwann verlassen musst. Das Thema Tod zwingt dich, über das Ende deines Lebens in der Welt und über das Ende deines Körpers nachzudenken. Du philosophiert über den Tod, liest in heiligen Schriften oder verdrängst aus Furcht und Unbehagen dieses heikle Thema. Doch dein eigener Tod lässt sich weder denken noch verdrängen und er hat nichts mit Religion oder Philosophie zu tun, denn er ist das Ende aller Gedanken und allen Wissens. Er löscht die physische Sinneswelt aus. Da du dich nicht an deine Zukunft erinnern kannst, klafft in Bezug auf deinen zukünftigen endgültigen Abschied aus der Welt ein schwarzes Loch in deinem Gehirn. Du weißt weder wann noch wie der Tod dein Leben beenden wird, doch dies sollte dich nicht allzu sehr beunruhigen, denn das, was du *wirklich* bist, hat diese überlagerte Welt nie berührt. Das »Ich bin«, das Körper-Konzept, existiert lediglich als Vorstellung im Bewusstsein.

Die Religionen spenden Trost und Zuversicht, damit die Gläubigen diesen endgültigen Abschied aus der Welt besser verkraften können. Mit dem Trost und der Zuversicht wird den Gläubigen aber auch die Aussicht auf ein Leben nach dem Tod in einer geistigen Welt in Aussicht gestellt – je nachdem in einem Himmel oder in einer Hölle. Lüste, Leidenschaften und Wünsche sind danach Kräfte, die die Seelen in die Unterwelt, in die Hölle führen, während tugendhafte, gütige und gläubige Seelen in den Himmel eingehen. Das mag stimmen, doch der Verursacher allen subjektiven Wirkens und des subjektiv Erwirkten ist rein konzeptuell! Wenn dies erkannt und die Unwirklichkeit dieser konzeptuellen Vorstellungen durchschaut wird, dann stellt sich die Frage, für wen denn eigentlich Himmel und Höllen existieren, wenn »ich« abwesend ist? Himmel und Höllen existieren nur in Beziehung zum Ich, dem Schöpfer aller Überlagerungen. Das Ich identifiziert sich mit überlagerten Schöpfungen und Vorstellungen und lebt in Wechselwirkung mit diesen Kräften. Sei gewahr, du bist jenseits von Wechselwirkungen und jenseits von Himmel und Höllen. Du bist hier und jetzt, ein unpersönlicher Ozean, der keine Küsten hat, ein Kraftstrom ohne Quelle. Religionen benutzen die Vorstellung von Himmeln und Höllen als Instrument und schüchtern die Gläubigen mit finsteren, furchterregenden Bildern ein. Über uferlose Ängste lassen sich Menschen erfolgreich manipulieren und binden. Der Gute wird belohnt, der Böse wird bestraft. Da gemäß der christlichen Religion grundsätzlich alle Menschen Sünder sind, kann niemand sicher sein, ob er am Schluss gut genug sein wird, um in den Himmel einzugehen. Es bleibt also bis zum Lebensende die Verunsicherung bestehen, ob man schließlich nicht doch noch in der Hölle landet. In der letzten Phase des physischen Lebens, bevor man die Welt endgültig verlässt, verabschiedet man sich von Menschen, die man liebt, von der vertrauten Umgebung, in der man gelebt hat, und vielleicht auch vom Körper, den man verlassen muss. Oft ist ein solcher Abschied nicht einmal möglich, das ist uns allen bewusst. Deshalb sei wach und erkenne: Hier geht es *jetzt* konkret um deinen Abschied vor dem Abschied, um dein Sterben vor dem Tod! Kannst du dich jetzt, in diesem Moment, von den ganzen Konditionierungen und magnetischen Zwängen verabschieden, von den kraftvollen konzeptuellen und prägenden Lebensinhalten, die dein Dasein im Körper gestalten? Kannst du dich vom Gedanken und der Vorstellung des bevorstehenden Todes und auch vom Gedanken an ein Danach ganz lösen? Kannst du dich von der konzeptuellen Idee »Ich bin der Körper« lösen? Sei gewahr, der Moment des Todes wird *jetzt* sein, nicht gestern oder morgen! Was auch immer du in deinem Leben erlebt hast, es brauchte einen Erlebenden, der das Erlebte erlebt. Für das Leben im Danach gilt dasselbe. Das Leben vor dem Tod ist das Leben nach dem Tod. Doch das Leben vor dem Tod wie auch das Leben nach dem Tod existieren bloß als konzeptuelle Vorstellungen im Bewusstsein.

Stille und unermessliche Herrlichkeit findest du nicht im Leben vor dem Tod und auch nicht in einem Leben nach dem Tod. Sie sind das, was du im unermesslichen *Hier und Jetzt bist*! Ein sanfter, universeller Kraftstrom umarmt alles, was ist, und alles, was ist, ist dieser heilige Kraftstrom. Eigentlich gibt es keine Seelen, nur Beseeltes, und nie hat jemand einen Körper verlassen, außer in der Vorstellung eines Wahrnehmenden, der durch das Wahrgenommene geblendet und getäuscht wurde. Ein Ereignis mag stattfinden, und es mag auch eine Person geben, die glaubt oder nicht glaubt, die auch Wünsche, Bedürfnisse und Hoffnungen hat, doch ohne Bewusstsein gäbe es keinen Erfahrenden, der etwas erfahren könnte, und somit auch keine Ursachen und keine Wirkungen. Ohne Ich-Bewusstsein wärest du dir nicht bewusst, dass es dich als Person und Körper gibt. Somit würde ohne das Ich die Frage, ob es ein Leben nach dem Tod gibt, nie gestellt werden. Das zeigt, dass das Ich-Bewusstsein mit Leben und Tod verknüpft ist, ja Leben und Tod selbst ist. Durchschaue die Funktionalität des Egos! Das Durchschauen löscht es aus. Die schöpferischen Träume entstehen mit dem »Ich-bin«-Gedanken. Sie sind deine subjektiv erschaffene Welt. Das Ich und die Gedanken sind nicht zwei voneinander getrennte Ereignisse; sie gehören zusammen, sind eins und repräsentieren genau das, was du in Wirklichkeit *nicht* bist.

Durch das projizierte Ich entsteht das projizierte Du, erscheinen Zeit und Raum, die die Grundlagen für alles Leiden und allen Irrtum sind. Durch diese subjektive Bewegung im Bewusstsein erfolgt eine Trennung im ursprünglichen Sein, eine Deformierung deines natürlichen *Hier*-Seins. Das, was du wirklich bist, hat sich nie bewegt und die Welt des Leidens nie berührt. Durch den Ich-Gedanken wirst du zum Objekt, Das Objekt an sich ist jedoch nichts als ein begrenztes, zeitgebundenes Phänomen. Das, was durch die Sinne wahrnehmbar ist, was erscheint und vergeht, die Umgebung, in der du lebst, und alle Objekte in ihr können nicht getrennt vom Ich existieren. Im ursprünglichen Sein gibt es keine Wünsche, keine Hoffnungen, keine Bedürfnisse und kein Leiden. Durchschaue die schattenhafte Illusion des Ich und schüttle diese Illusion von dir ab. Füge dich ins ewig Schattenlose ein, in das, was du *ewig* bist. Nie hat etwas außerhalb der schattenlosen Totalität existiert. Das Individuum als solches hat keine eigene unabhängige Existenz und ist in der Totalität nicht existent. Das Denken ist innerhalb des Feldes des Verstandes in ständiger Bewegung und immer aktiv. Im engen und begrenzten Verstandesraum ist auch das subjektive Gottesverständnis eingesperrt. Der Verstand versucht fieberhaft, dieser Enge zu entfliehen, um die endlosen spirituellen Weiten jenseits des Denkens zu entdecken. Doch sein Wollen und Bemühen geschieht ausschließlich aus übernommenen Konzepten und Vorstellungen, die aus begrenzten Denkmodellen, die von anderen entworfen und erdacht wurden, stammen. Der Verstand klammert sich fieberhaft an sein gespeichertes Wissen, an das Gelernte und Verstandene. Sich vom Gewussten und Verstandenen zu verabschieden, ist höchst suspekt, unattraktiv und macht Angst. Man fürchtet sich vor dem Vergessen. Der Wille kämpft gegen das Vergessen von Wissen, und dieser Kampf erzeugt noch mehr Angst. Angst fürchtet sich vor nichts mehr als vor der Angst selbst. Je mehr du weißt, desto mehr wird dir bewusst, dass du wenig bis nichts weißt. Dies zu realisieren bedeutet Weisheit und die Freiheit, frei vom Ballast des Gewussten zu existieren. Wissen ist weder gut noch schlecht und sollte differenziert betrachtet werden. Der große Weise Shankara sagt dazu: »Aufgrund von Wissen halten sich Menschen von Schlangen und von Dornen fern, doch einige fallen aus Unwissenheit in sie hinein. Sieh, welch wertvolle Auswirkungen das Wissen hat.«

Die schmerzhafte Tatsache des Wegsterbens aus der Welt, dieses Wissen begleitet den Menschen durch jeden Atemzug seines Lebens. Diese unkontrollierbare, unveränderliche Tatsache haftet wie eine bleierne Last am Leben des Menschen. Dieses Ausgeliefertsein an die sterblichen Stunden erzeugt Angst, Leid, Kummer und Schwermut. Sei gewahr, dass du in Wirklichkeit nie von irgendwoher gekommen bist und nie irgendwohin gehen wirst. Du bist hier und glaubst, du wärest woanders, obwohl es dieses Woanders nie gegeben hat. Es gibt keinen Ort, an den du gehen könntest, da das, was du *wirklich* bist, absolut ortlos ist. Seit deiner Geburt bis zum heutigen Tag hast du deinen physischen Tod weder erfahren noch erlebt, sonst würdest in diesem Moment dieses Buch nicht lesen. Sei *jetzt* gewahr: Du, deine Umgebung, dieses Buch und alle Objekte im Raum existieren im gleichen Bewusstsein und nichts kann unabhängig vom universellen Hier und Jetzt, von der Totalität, die du *ewig* bist, existieren! Objekte kommen und verschwinden, doch du bist jenseits aller Objekte. Du bist das, was die Welt nie berührt hat. Du gewahrst die Welt, ohne sie zu sein. Der endgültige Abschied vom Körper-Objekt ist nicht dein Abschied. Wie könnte es auch, da du ewig ungeboren bist. Was schmerzt, ist nicht der Tod an sich, sondern die Gedanken an den Verlust des Körpers und der sinnlich erlebbaren Welt.

Erwachen bewirkt Desidentifikation vom Körperhaften und saugt die umherschweifenden illusionären Todesgedanken auf wie ein Löschblatt die Tinte. Du leidest und trauerst um einen Verlust, um einen Abschied von etwas anderem, als du selbst bist. Du kannst ja nicht um dich selbst, um das, was du *ewig* bist, trauern, da du doch todlos und ungeboren bist. Weder das Ego noch der Verstand existieren wirklich. Vergängliche und wechselhafte Formen erscheinen und vergehen, aber das Ursprüngliche hat weder Form noch Eigenschaften. Durchschaue das Vergängliche als vergänglich und das Falsche als falsch! In diesem tiefen Gewahrsein stirbt das, was sucht und finden möchte, sterben der Weg und das Ziel. In den verkörperten Vorstellungen sucht der Verstand nach Ewigem, doch er bleibt in seiner sklavenhaften Konzeptualität stecken, denn sowohl der Suchende als auch das Gesuchte sind nichts als Einbildungen, Spiegelungen im Bewusstsein. Du kennst die Welt, aber kennt die Welt dich? Du kennst deinen Körper, aber kennt dein Körper dich? Du wurdest ohne intellektuelles Wissen geboren, und das intellektuelle theoretische Wissen wird dir in der Todesstunde nichts nützen. Der Verstand besteht aus einem Bündel Gedanken, und du kannst dir alles ausdenken, außer dem, was du *wirklich* bist. Das, was du im Laufe deines Lebens durch die Sinne außerhalb von dir wahrgenommen hast, ist das, was du über deinen Körper und den Tod weißt. Das, was du weißt, betrifft jedoch ausschließlich das Äußere, das Vergängliche, das Sterbliche. Doch der Tod findet nicht außerhalb von dir statt, sondern in dir, mit dir, unmittelbar. Weil der Tod unmittelbar im Hier und Jetzt geschieht, kannst du ihn weder wahrnehmen noch objektivieren. Dein subjektives Wissen bezieht sich ausschließlich auf den Tod von anderen, über deinen eigenen Tod weißt du nichts, außer dass du sterben wirst. Hier und Jetzt kann nicht sterben, nur die Überlagerungen lösen sich auf. Das Ich-Bewusstsein hat keine eigentliche Grundlage, es entsteht und vergeht. So ist es auch mit Leben und Tod. Wenn du die Leerheit des Verstandes und die Leerheit des Ich-Bewusstseins durchschaust, dann ist die Vorstellung »Ich bin der Körper« gelöscht. Die Person, die du glaubst zu sein, gibt es in Wirklichkeit nicht, und somit auch das nicht, was du zu erleben glaubst, denn weder du noch der Wachzustand, in dem »Ich« zu leben glaubt, existieren wirklich. Sei gewahr, du bist das, was *vor* jeglicher Manifestation ist.

Die im Gehirn eingelagerten Informationen und die damit verbundenen emotionalen Kräfte sind der Nährboden, auf dem die Todesschatten wachsen und gedeihen und sich im Laufe des Lebens zu verdichten scheinen. Der Tod existiert lediglich als Gegenpol, als Gegeninterpretation zu dem, was du dein Leben nennst. In dumpfer Unwissenheit und Lieblosigkeit starrt das Ich-Bewusstsein die träge Materie an und identifiziert sich mit dem Beobachteten. Dabei denkt sich das Ich sein eigenes Erdenleben aus und plant auch sein Leben nach dem Tod. Der denkende Verstand denkt über sich selbst nach, doch er bleibt in den Schranken der Zeit stecken. Er ist nicht gewahr, dass er selbst nichts anderes als eine relative Erscheinung im Bewusstsein ist.

Ewiges lässt sich weder denken noch planen, noch wollen oder verstehen. Kann Ewiges, das, was die Welt nie berührt, sterben? Oder bezieht sich Sterben einzig auf die subjektive Ich-Vorstellung, auf die überlagerte Welt, die im Verstandesbewusstsein erscheint und vergeht? Die Welt existiert, weil sie wahrgenommen wird. Sie ist das Wahrgenommene. Weil das Wahrgenommene im Verstand fälschlicherweise als individuelles und persönliches Dasein interpretiert wird, entsteht die Illusion von ich, du und den anderen, von mein und dein. Leben und Tod sind Schöpfungen des subjektiven Ichs. Sie sind das, was du wirklich *nicht* bist.

KEIN OBJEKT

Wenn du dich heute Abend ins Bett legst und einschläfst, dann findet dieses Einschlafen, dieses Zurückfließen aus der Wachwelt in die Traumwelt nicht außerhalb von dir statt, sondern in dir selbst, aber wo? Du ziehst dich scheinbar aus dem Wachkörper in einen Traumkörper und in eine Traumwelt zurück, und dies geschieht ohne dein Wollen oder Nicht-Wollen, es geschieht einfach. Das Traumbewusstsein äußert sich durch einen Traumkörper, das Wachbewusstsein durch einen physischen Körper. Beide Körper sind Erscheinungen, die kommen und gehen, beide sind Trägerinstrumente von verschiedenen Bewusstseinszuständen im einen Bewusstsein. Die Antriebskraft, die diese beiden Welten mit ihren Trägerinstrumenten in Erscheinung treten lässt, ist das universelle Bewusstsein. Die beiden Erscheinungswelten, die Wach- und die Traumwelt, spiegeln sich wie phänomenale Schattenbilder im universellen Bewusstsein, sind jedoch nicht das universelle Bewusstsein selbst. Sei gewahr, universelles Bewusstsein ist das, was du *ewig* bist!

Du bist nicht die geträumte Persönlichkeit mit ihren geträumten Lebensräumen. Du bist jenseits des Träumenden und des Geträumten. Befreiung und Erlösung können nicht durch irgendwelche

Bemühungen und Übungen erlangt werden, da das Erscheinende wie auch die Erscheinung, der Träumende wie auch die Träume illusorisch sind. Spirituelle Übungen, Techniken und Methoden sind von einem Ego für andere Egos erfunden worden, und das Ego hält stolz an seinen Konzepten und Errungenschaften fest. Das Ego, der Wille zu tun, ist das Übende und das Geübte, ist »ich selbst«. Wie wirklich können dann diese vom Ego erfundenen Methoden sein, und für wen? Das Erkenntnisobjekt und das Erkennungsobjekt (das Ich, das erkennen will) bilden den Antrieb zum Handeln, doch das, was handelt, ist illusorisch und existiert nicht wirklich. Erwachen transzendiert das Erkenntnisobjekt und das Erkennungsobjekt und löscht den Willen zu tun. Spirituelle Anstrengungen zeigen sich schlussendlich als eitler Wille des Egos, denn es hat vor allem einen Wunsch: zu kontrollieren, zu herrschen und zu beherrschen. Das Ego hat erfolgreich gelernt, sich selbst zu beherrschen und zu kontrollieren, und es nennt diese Bemühungen merkwürdigerweise spirituell! Befreie dich von diesem eitlen Begehren und wende dich dem zeitlosen Frieden, der großen Stille zu. Nie ist in der Totalität etwas vorgefallen. Lass die heilige universelle Geisteskraft die Führung deines Daseins übernehmen, denn für dich gibt es nichts zu tun. Wenn dies realisiert wird, erhält das Wort »Hin-Gabe« eine neue Tiefe, eine neue Bedeutung. Hingabe entfacht die reine Intuition, doch Intuition hat nichts mit Denken und Üben gemeinsam. Intuition ist unmittelbares Gewahrsein dessen, was du wirklich *nicht* bist, und die Realisation dessen, was *ewig* ist.

Bewusstseinszustände können nur durch ihre Inhalte, Identifikationen und subjektiven Prägungen definiert und verstanden werden. Die Identifikation mit den Bewusstseinsinhalten veranschaulicht die Funktionalität des Ich-Bewusstseins. Ohne einen Sehenden gibt es nichts zu sehen und ohne einen Erlebenden nichts zu erleben. Die überlagerten mentalen Aktivitätskonstruktionen sind nichts als Abläufe und Bewegungen der Willensdynamik des Egos. Wo ein Wille ist, ist *nur* ein Weg – ein Weg, den es in Wirklichkeit nicht gibt. Du hast keinen Weg und du bist kein Weg, sondern reines Gewahrsein. Der Relativität und der Leere der Bewusstseinsinhalte gewahr zu sein, bewirkt Desidentifikation und Desidentifikation ist Erwachen. Im Tiefschlaf ruht das Sinnesbewusstsein in sich selbst, im Tiefschlaf gibt es weder einen Träumer noch Geträumtes, noch einen Sehenden, der etwas sieht, noch einen Erlebenden, der etwas erlebt, keine Welt, kein Etwas, kein Ich, kein Du und keine anderen, und doch *bist* du! Tiefschlaf ist nicht ein Zustand von Bewusstlosigkeit, sondern die Abwesenheit jeglicher sinnlicher Aktivitäten. Das Sinnesbewusstsein befindet sich in einem vorübergehenden Ruhezustand und ist sich seiner nicht bewusst. Im Wachzustand wie auch im Traumzustand besteht das Empfinden, etwas oder jemand zu sein, im Tiefschlaf nicht. Die Wachwelt und die Traumwelt sind scheinbar an den Tiefschlaf gekoppelt, doch das, was du *wirklich* bist, ist jenseits vom Tiefschlaf, jenseits der Traum- und der Wachwelt, jenseits aller Wechselwirkungen und jenseits des Bewussten. Leben kommt und geht, doch du bist immer im Hier, denn wo könntest du anders als *hier* sein?

Totalität, das All-Eine, ist im Wachzustand, im Traumzustand und im Tiefschlaf anwesend, da Totalität die Essenz des Bewusstseins ist. Im Bewusstsein spiegelt sich die Welt der Sinne, die Traum- und die Wachwelt. Der Tiefschlaf ist der Ort, an den sich die sinnliche Welt vorübergehend zurückzieht und den Ich-Gedanken entmachtet. Der Tiefschlaf an sich ist jedoch kein Zustand, kein spezifischer Ort und nicht objektivierbar, deshalb bezeichnet man ihn auch als den kleinen Tod. Das, was du *ewig* bist, ist jenseits des Bewussten. Du *bist* Totalität!

Bewusstsein ist die Quelle aller Erscheinungsformen, also auch von dir. Du existierst nicht getrennt vom Bewusstsein, in dem du erscheinst und vergehst, und obwohl im Tiefschlaf das erlebende Ich abwesend ist, ist Tiefschlaf nichts anderes als Bewusstsein. Erwachen löscht das aus, was Momente erschafft, und dadurch auch die wandernden, bewussten Gedanken und bewussten Hoffnungen. Sie zerschmelzen wie Eis in der Sonne und auch die illusionäre Vorstellung, ein Körper zu sein, verdunstet. Alle Bewusstseinsinhalte, alle Vorstellungen, alle Informationen, die im Gehirn als Erinnerungen gespeichert und eingelagert sind, sind rein konzeptuell. Also das, was du glaubst zu sein, ist mit Sicherheit *nicht* das, was du *wirklich* bist.

Bewusstsein ist die Grundlage und der Hintergrund, auf dem die gigantische Flut von lebenslang gesammelten Informationen angelegt ist. Auf dieser überlagerten Grundlage erscheint und vergeht die Welt, diese sichtbare, wahrgenommene Welt, die sich im Gehirn zusammensetzt und nur als Überlagerung im Bewusstsein existiert. Totalität ist ewig frei und unberührt von Überlagerungen, denn die Erfahrung »Ich bin« existiert bloß als Vorstellung im Bewusstsein und die Welt nur im Denken. Die Kinoleinwand, auf der sich bildhaft und geräuschvoll Überschwemmungen und Brände abspielen, wird von diesen Katastrophen weder berührt noch beschädigt, so ist es auch mit dem universellen Bewusstsein. Die Filmbilder von Katastrophen, die sich auf der Kinoleinwand abspielen, sind gewaltig, emotional und ergreifend für den Zuschauer, sodass er vergisst, dass er im Kino sitzt. Für ihn ist in diesen Momenten das Drama echt und wirklich, und er vergisst dabei, dass es nur ein Film ist, den er sich ansieht. Er vergisst, dass es nur Lichtbilder sind, die auf eine weiße Leinwand projiziert werden. Du bist von der Welt, die du durch die Sinne wahrnimmst, und von der Kraft der Bilder und den Abläufen, die sich in deinem Gehirn zusammenstellen und konzipieren, fasziniert und hypnotisiert. In dieser subjektiven Intensität des Erlebens vergisst du völlig, dass das Erlebte nur eine Erscheinung im Bewusstsein ist. Solange du dich selbst als ein Körper-Verstand-Wesen siehst und definierst und dich mit dem Gesehenen und Verstandenen identifizierst, so lange bist du ein Objekt, das kommt und geht, das lebt und stirbt. Drehe dich innerlich um und entdecke, dass du das lebenspendende universelle Bewusstsein innerhalb der Manifestation selbst bist – die Grundlage, auf der alles Erklärbare und Nichterklärbare existiert. Du bist die Grundlage aller Gedanken und Gefühle, aber nicht das Gedachte und Gefühlte. Entdecke, was du *wirklich* bist, und sei gewahr, dass du in Wirklichkeit jenseits des Bewussten, jenseits des Manifestierten und Nichtmanifestierten bist. Du bist Totalität. Im Ich-Bewusstsein entsteht die Vorstellung einer langen Wanderschaft auf Erden, vom Überschreiten vieler Grenzen und von zahlreichen Wegen, die du gegangen bist. Plötzlich erwacht der Wanderer und wird gewahr, dass der Wanderer wie auch seine Wanderschaft illusionär gewesen ist. Die Person, die von hier nach dort gegangen ist, hat es nie gegeben. Dies zu erkennen, bewirkt einen radikalen Einbruch ins Offenbarte. Der Zwang der vom Ich festgelegten Formen bricht zusammen, Stille wird offenbar und alle Horizonte verschwinden.

Das Jenseits ist im Diesseits und das Diesseits im Jenseits. Sie bedingen einander und sind wie die zwei Seiten derselben Münze in deinem Gehirn. Nie hast du diese beiden illusionären und vergänglichen Welten betreten oder berührt, denn deine wirkliche Heimat ist Totalität und die hast du nie verlassen. Beide Welten, sowohl das Diesseits wie auch das Jenseits, sind phänomenal. Es sind Welten, in denen individuelle Muster vibrieren, Welten, in denen sich das Ego ausdehnen und sich selbst innerhalb des Bewussten erleben kann. Das Individuum zelebriert sich selbst innerhalb der relativen Zeit-Raum-Dimension, doch das konzeptuelle Individuum, das Leben und Sterben erlebt, ist nichts als eine Überlagerung des Bewusssteins. Die Hauptdynamik des Egos ist der Wille. Er ist es, der die subjektive mentale Welt strukturiert und erhält.

Die mentalen Schöpfungen mit ihren unbeständigen Szenerien nehmen Hunderte von Gestalten, Namen und Formen an, die dem Verstand als wirklich erscheinen, obwohl sie es in Wirklichkeit nicht sind. Sie sind wie Schatten in Beziehung zur Sonne, flüchtige Gewänder, angetrieben und unterstützt vom Ego-Willen. Die Dinge der Endlichkeit können das, wo Erschaffenes nicht existiert, nie berühren. Begrenztes kann Ewiges nie erkennen und realisieren. Endliches hat keine Kenntnis vom Unendlichen, denn universelle Unbegrenztheit liegt jenseits des Verstandes. Solange der Verstand aktiv ist, herrscht Verwirrung. Wird der Verstand transzendiert, leuchtet das, was du *ewig* bist. Mentale Konzepte, Identifikationen und Vorstellungen sind mit der körperlichen Gestalt verknüpft und von ihr abhängig, doch alle Identifikationen sind nichts als Vorstellungen, Täuschungen und somit nicht das, was du *wirklich* bist. Erwache und »deidentifiziere« dich. »Ent-decke« deinen mächtigen Ursprung, aus dem du nie entsprungen bist. Wie könntest du auch, da du ewig formlos, ungeboren und ungeworden bist, nie gekommen, nie gegangen, immer hier, immer jetzt!

Alles, was gewesen ist, war bloß ein Traum, Namen und Formen nichts als Einbildungen, nichts als eine Spiegelung im Bewusstsein. Die lange Reise deines Denkens endet hier und jetzt. Wo also ist das Jenseits. Wo kann etwas jenseits getrennt von dir existieren? Wer geht wohin? Wer ist es, der diese Jenseitserfahrungen macht, und in der Abwesenheit wovon wäre diese Erfahrung nicht möglich? Wo entstehen Erfahrungen, wo kommen sie her?

Durch alles, was du durch spirituelle Übungen erreicht hast, durch alles, was man dir gesagt hat, und durch alles, was du gelesen hast, bist du stark konditioniert. Deshalb fällt es dir jetzt schwer zu realisieren, was du wirklich nicht bist. Der planende Wille funktioniert nur innerhalb seines begrenzten Aktionsradius, in dem er seine flüchtigen Ziele zu verwirklichen versucht. Die alltäglichen Gedanken versklaven den Körper und zwingen ihn ständig zum Handeln.

Das Ego benutzt die Welt als Mittel, um Macht auszuüben, um Lüste und kurzfristige Begierden zu befriedigen, und es ist stets darauf bedacht, mit dem angesammelten Wissen als Werkzeug alles Äußere in der Welt zu kontrollieren, zu seinem Nutzen zu erwerben und als sein Eigentum zu beanspruchen. So wird klar, dass das Ego der Ursprung aller Korruption ist, ja Korruption selbst ist. Durch Aktivität spürt und versteht das Ego sich selbst. Die subjektive Vorstellung von einem Anfang und einem Ende des Lebens bezieht sich ausschließlich auf die Form, auf das Körperhafte, doch das warst du nie. Geburt ist der Brennstoff des Lebens. Ist er aufgebraucht, kommt der Tod. Geburt und Tod ist das, was »ich« ist, doch »ich« gibt es in Wirklichkeit nicht. Wo warst du, bevor du geboren wurdest? Entdecke das, was niemals stirbt, dann bist du in Frieden. Je mehr sich die Seele durch Einsicht erhellt, desto klarer vermag sie das relative Feld, in dem sich im Ich-Bewusstsein Leben und Sterben abspielen, zu durchschauen. In diesem Durchschauen wirst du tief gewahr, was du wirklich *nicht* bist, und überwindest machtvoll die alten Naturgewohnheiten. Die uralten Krusten brechen auf und lösen sich in nichts auf. Sie waren nie etwas anderes als nichts! So kehrt das Wesen ins Wesentliche zurück und ist die große Stille.

Das Ich belebt, verstärkt und unterhält die konzeptuellen Welten, das Ich lebt und erlebt nichts anderes als seine eigenen Projektionen. Innerhalb dieser subjektiv belebten Vorstellungen installiert sich eine Art mentale, magnetische Gefangenschaft, in der das Ich in seinen eigenen imaginären, konzeptuellen Vorstellungen von einem Diesseits und einem Jenseits gefangen ist. Solange du am Rande der Wirklichkeit lebst und dich mit starren Formen identifizierst, solange wirst du nicht in den leuchtenden, grenzenlosen Kontinent einfließen können, in den ewigen Licht-Ozean, der deine wirkliche Heimat ist. Man kann verstehen, dass auf der relativen Ich-Ebene Himmel und Höllen tatsächlich existieren, denn sie entsprechen genau der innersten, ureigensten Wesensart des Egos. Das Jenseits ist wie ein Echo des Diesseits, in dem das Spiel von Gut und Böse widerhallt. Deine unzähligen mentalen Konstruktionen vermischen dein eigentliches klares und reines Hiersein. Egozentrische Kräfte halten dich in stumpfsinnigen Routinen und Zyklen von endlosen Begierden, von Wünschen und Hoffen gefangen. Sie sind der Antrieb, die Mechanik der Schicksalskräfte, die die Seele in halb bewussten Welten gefangen hält. Durch deine eigenwilligen Gedanken wird ein unsichtbares Gebäude errichtet, in dessen Bildern und Kräften du lebst. In dieser festgelegten Art des Denkens und Sehens erlebst du dich selbst und bist dir so als Ich-Bewusstsein deiner selbst bewusst. Deine Gedanken und alles, was sie bewirken und entstehen lassen, sind die Aktivitäten eines Traum-Ichs, das in seiner eigenen Traumwelt lebt. Durchbrich die enge Schau und sei unverblendet gewahr, wie sich an der gewohnten Außenseite des Bewusstseins die irdischen Dinge bewegen, die dich jedoch im reinen Gewahrsein nie berühren! Unsterblichkeit oder Sterblichkeit beziehen sich nur auf die äußere Gestalt und existieren lediglich als Vorstellung im Bewusstsein. Im reinen Gewahrsein endet die lange Reise der Seele durch die Zeit, sie betritt ein mächtiges Licht und wird zu dem, was sie betreten hat. Der Ozean der Ewigkeit berührt das Weltenabenteuer nie. Er kennt keine Absichten, hat keine geographische Ordnung und keinen festgelegten Plan. Keine Spur von Finsternis ist in ihm, und doch kann nichts getrennt von ihm existieren. Der Ozean der Ewigkeit und das wunderbare Weltensystem, in dem gestaltetes Leben möglich ist, sind nicht voneinander getrennt, sondern eins.

Das menschliche Denken mutet sich zu, aus persönlicher Betrachtung als Schiedsrichter der Wahrheit zu agieren, und schafft dadurch Trennendes. Unzählige Missverständnisse werden dadurch erzeugt, die dann als wirklich gesehen und verstanden werden, obwohl sie es nicht sind. Das Denken spielt in deinem Leben nur deshalb eine so große Rolle, weil du nie über das Denken hinausgegangen bist und du Angst hast, ohne zu denken nicht funktionieren zu können.

Der Denker wie auch das Gedachte sind scheinbar für die Bewältigung der Abläufe im Alltag wichtig. Doch wenn klar wird, dass der Denker selbst nur relatives Wissen, das im Gehirn als Information gespeichert ist, bewegt, wird auch das Denkinstrument relativiert. Totalität kann nicht ein Objekt des Denkens und der Erkenntnis sein, nur Vergängliches kann Objekt des Denkens und der Erkenntnis sein. Denken erschafft die sich ausdehnende konzeptionelle Welt, die voller Zweifel und Unsicherheiten ist, doch du bist weder das Denkende noch das Gedachte.

Übe nicht, dein Denken zu kontrollieren oder zu unterdrücken. Das würde das Ego liebend gern tun, denn dadurch kann es sich willentlich stärken. Sei gewahr, dass du in Wirklichkeit weder der Körper noch seine Funktionen bist und auch nicht die relative Erscheinungswelt, die sich im Bewusstsein spiegelt. Nie warst du oder hattest du einen Körper, da du die Welt niemals berührt hast. Leben äußert sich durch den Körper und nicht der Körper durch das Leben. Der Körper ist das Instrument, durch das das Leben erstrahlt. Die Sonne erstrahlt auch ohne den Mond, doch der Mond wäre ohne Sonnenlicht vollkommen lichtlos. Gleichermaßen ist es mit der Essenz und dem Körper. Essenz, universelles Bewusstsein, leuchtet auch ohne den Körper, doch der Körper leuchtet nicht ohne Essenz, ohne universelles Bewusstsein. Realisiere dies, bevor du tot bist, dann ist dein Dasein von lieblicher, unbesorgter Leichtigkeit erfüllt, von dem, *was du ewig* bist!

WER WILL INKARNIEREN?

Das Leben endet mit dem Tod, und ein Teil der Menschheit glaubt, dass man nach dem Tod im Jenseits weiterlebe. Darüber gibt es viele verschiedene religiöse, mystische und esoterische Meinungen und Vorstellungen. Man nimmt an, dass die subjektiven Sinnesschöpfungen, die die Schicksalskräfte erzeugen, die Seele nach dem Tod auf unsichtbaren Flügeln an ihren Bestimmungsort führen – entweder nach oben in paradiesische Welten oder nach unten in zwielichtige, düstere Unterwelten. In der christlichen Doktrin wird verkündet, dass die geläuterte Seele ewig im Paradies leben wird, während die sündige Seele je nachdem im Fegefeuer oder in der Hölle bleiben wird.

Die buddhistische Doktrin lehrt, dass man irgendwann wieder inkarnieren wird, unter Umständen auch in einem Tierkörper. Im christlichen Glauben geht man generell von einem einzigen Leben auf Erden aus, in der östlichen Doktrin von vielen aufeinanderfolgenden. Das alles mag stimmen, doch braucht es dafür einen Erlebenden, der dies erlebt, einen Erfahrenden, der dies erfährt, also das Ich-Bewusstsein, das Ego. Gewahrsein des Bewusstseins ist das Gewahrsein *vor* dem Bewusstsein, deshalb transzendiert Gewahrsein den Erlebenden und das Erlebte und das Bewusste.

Aus der Sicht der Naturwissenschaft gibt es keinen einzigen stichhaltigen Beweis für ein Leben nach dem Tod oder für die Existenz Gottes. Andererseits sind Millionen von Menschen davon überzeugt, dass es Gott gibt und auch ein Leben nach dem Tod. Das Gehirn konstruiert seine eigenen Wahrheiten und Wirklichkeiten. Konstruiert es auch das Leben nach dem Tod und vielleicht auch Gott? Wenn du ohne Anhaftung bist, wird diese Frage nie auftauchen, denn in Wirklichkeit bist du universell, formlos, unzerstörbar, namenlos und ungeboren. Das Wort Inkarnation leitet sich von den lateinischen Wörtern »carnis« für Fleisch und »incarnare« her und bedeutet Fleischwerdung, Menschwerdung. In der Bibel, im Johannes-Evangelium, wird von der Fleischwerdung des Sohnes Gottes, des Christus, gesprochen. In der indischen Tradition sind es die Avatare, die göttlichen Inkarnationen, die diese alte religiöse Tradition bis zum heutigen Tag prägen. Alle Menschen sind, so gesehen, fleischgewordene Seelen, sonst wären sie nicht auf Erden – und auch du wärst nicht hier.

Doch woher sind alle diese vielen Milliarden Seelen gekommen? Wo waren sie alle, bevor sie geboren wurden, und wo warst du, bevor du geboren wurdest? Kamst du aus einer unsichtbaren Welt in diese sichtbare Welt und kehrst du, wie auch alle anderen Seelen, nachdem du dich wieder aus dem Fleisch gelöst hast, in diese unsichtbare Welt zurück? Wo kommst du her und wo gehst du hin?

Die im Wachbewusstsein erwachten Zellen erleben durch den psychosomatischen Organismus, durch die Sinnesinstrumente, die Welt, die sich im Bewusstsein spiegelt und vom Verstand interpretiert wird. So wird sich Bewusstsein scheinbar seiner selbst bewusst. Ist also der atmende Fleischkörper der Ort, wo sich das Bewusstsein durch Bewusstheit seiner selbst bewusst wird?

Die Essenz, das herrliche Licht der Ewigkeit, bündelt sich im Bewusstsein durch den Körper und wird durch diesen offenbar. Die Essenz wird durch die sinnlichen Erfahrungen und Identifikationen, die im Bewusstsein erscheinen und vergehen, nie berührt und nie getrübt. Strenge dich darum nicht an, frei zu werden. Dass du gefangen bist, bildest du dir bloß ein. Die Intensität des Wahrgenommenen versetzt die Seele in eine Art hypnotischen Zustand, doch dessen ist sie nicht gewahr. So entstehen das objektivierende Objekt und das objektivierte Objekt, was nichts anderes bedeutet als Trennung und Abkehr von der universellen, allumfassenden Liebe. So wird Unsterbliches sterblich, Ewiges endlich, Unbegrenztes begrenzt. Für das personifizierte Ich scheint der Tod wirklich, für das entpersonifizierte Nicht-Ich nicht. Erwachen bedeutet, gewahr zu sein, was man wirklich *nicht* ist, und zu realisieren, was man *wirklich* ist, nämlich das namenlose, formlose, ungeborene Hier und Jetzt, das ewige Selbst!

Wellen des Friedens und der Liebe durchströmen die Seele und den Körper, wenn dies wirklich realisiert ist. Frieden und Glück beruhen nie auf Äußerem, da Friede und Glück keine Objekte sind und auch nicht in Objekten wohnen. Geburt scheint wie eine liebevolle Geste des universellen Bewusstseins und der bewusste Körper wie ein Strahl der Seele, die in ihm wohnt. Doch sowohl der Körper als auch die Seele können nicht getrennt vom Geist, von Gott existieren.

Das Wesen hat das Wesentliche nie verlassen, wie könnte es auch? Das Wesen existiert lediglich als vorübergehende Überlagerung des Wesentlichen, und das Wesen an sich entsteht nur durch falsche Identität. Diese falsche Identität ist die Grundlage des Leidens und der abgrundtiefen Einsamkeit. Die Sinnbilder der Erde in ihrer unermesslichen Pracht – die alten Bäume, die plätschernden Wasserbäche, die Berge und die stillen Weiten – sind das, was du durch die Augen außen wahrnimmst und innen bist: Bewusstsein!

Schau durch die Schranken des Begrenzenden hindurch und sei des Lichts der inneren universellen Sonne gewahr! Sie ist das, was du *wirklich* bist. Überwinde den Körper und den Verstand – *wenn nicht jetzt, wann dann?* Das Menschenleben ist wie der Traum eines Träumers, beide sind konzeptuell und nicht wahrhaftig das, was du *ewig* bist.

Das Ich-Bewusstsein, das das objektivierende Objekt und das objektivierte Objekt selbst ist, bildet die Grundlage, auf der die Konzepte von Leben und Sterben gedeihen, und die Seele empfindet im Bewusstsein diese Information. Durch die Sinnesaktivität und die daraus resultierenden Berührungen der Außenwelt installiert und positioniert sich das fiktive Ich-Bewusstsein. Die Seele taucht, ohne dessen gewahr zu sein, in den Schlamm der Zeit und der Sterblichkeit hinab und kettet sich so an mechanische illusorische Abläufe. Die Mächte, die die mentalen Welten bauen, erschaffen auch die Straße der Sterblichkeit. In dieser komplizierten, mental konstruierten Welt sind Himmel und Hölle, Diesseits und Jenseits angesiedelt. Sie sind die Ursachen und die Wirkungen des mentalen Daseins, des Ich-Bewusstseins. Das Ich dehnt seinen weitgreifenden Willen aus und startet in einem Glaubenskontext ein himmlisches Experiment: Es plant sein Leben nach dem Tod. Das Ich klammert sich an Sehnsüchte und Hoffnungen, doch es schafft es nie, die innere Mächtigkeit des reinen Hierseins zu erfassen, denn das, was wirklich ist, ist das Nicht-Ich. In der mental selbst erschaffenen Einsamkeit vergisst die Seele ihre Allnatur und wird durch das überlagerte Ich in den Todeskampf gestürzt. In diesem Todeskampf erlebt das Ich seine eigene Kontinuität, sein eigenes Leben und Sterben. Der Verstand stößt an die Wände des Körpers, an seine eigenen extrovertierten

Grenzen. Das Glühen des reinen Daseins, die Totalität, ist in der dumpfen Mentalwelt weder fassbar noch wahrnehmbar. Die bedeutungslosen Tiefen des Ich und seine Problemfelder kennen nur verschlingende Zweifel, Lieblosigkeiten und Irrtümer.

Unzufriedenheit und das Gefühl von Eingrenzung drängen den Menschen zur Umkehr, zur Einkehr, und das ist gut so. Wenn sich die Umkehr vollzieht und das Ich allmählich verdunstet, dann offenbart sich die unsterbliche, alles umarmende heilige Macht. Sie nimmt die Seele zurück nach Hause und fügt sie ins ewige Hier und Jetzt ein. Der Strom fließt nicht in den Ozean, sondern zurück zu seiner Quelle.

LEBT MAN UNENDLICH LANGE ODER EWIG?

Man glaubt, dass die Seele nach dem Tod in einer geistigen Welt weiterlebe und dann irgendwann wiedergeboren werde. Dies würde bedeuten, dass die Seele einen fortlaufenden Ablauf des Daseins durchlebt, der durch den physischen Tod nicht unterbrochen wird. So gesehen würde die Seele unendlich lange leben. Die weitblickenden Entwürfe des Verstandes entrollen die fiktiven Vorstellungen von einem Morgen, von einer Zukunft, an die das Ich liebend gerne glauben würde. Alle Zeitereignisse – und das sind Wiedergeburten – sind wie unsichtbare Stufen im weiten Plan des Willens und des Verstandes, und so stellt sich hier die Frage: Was ist es eigentlich, das wiedergeboren wird? Unter welchen Bedingungen lebst du ohne physischen Körper in der anderen Welt? Wie lange bleibst du dort, bis du wiedergeboren wirst? Kannst du im Jenseits denken, und gibt es dort auch ein strukturiertes Leben, vielleicht sogar Schicksalsschläge?

Wenn du im Jenseits weiterlebst, hast du dort ähnliche Erfahrungen, Gefühle und Wahrnehmungen wie jetzt im physischen Körper? Gibt es im Jenseits einen Werdegang? Hast du dort das Empfinden »Ich lebe«, oder denkst du »Ich bin tot«? Werden ist mit Vergehen verknüpft, also dem Sterben, und genau das ist Wiedergeburt – nichts anderes als weiter zu sterben.

Die unzähligen vielschichtigen, mental in Gang gesetzten Prozesse, die deinen Alltag bilden, sind nichts als Konzepte, Vorstellungen und Ideen. Du bist ständig damit beschäftigt, in diesem Strudel des Werdens und Entwerdens Harmonie und Gleichgewicht zu schaffen, doch wie du sicher längst herausgefunden hast, ist dir das nie wirklich gelungen. Der Grund dafür: Konzepte, Vorstellungen und Ideen sind nichts als subjektive mentale Gebilde, Spiegelungen im Bewusstsein, die in sich selbst substanzlos, leer und hohl sind – wie Luftblasen auf dem Wasser. Merkwürdigerweise identifizierst du dich mit diesen hohlen Gebilden und klammerst dich an illusorische Vorstellungen und bist auch bereit, das, was nicht wirklich existiert, vehement zu verteidigen. Erwachend wirst du gewahr, dass weder das Diesseits noch das Jenseits noch Wiedergeburt etwas wirklich Existierendes sein können, denn die Wirklichkeit kann nicht in vergänglichen Dingen, Orten oder Welten sein. Lasse alle Konzepte beiseite und realisiere das, was du *wirklich* bist!

Du glaubst oder stellst dir vor, dass du in der Vergangenheit geboren wurdest und jetzt in der Gegenwart bist, obwohl es, tief gesehen, keine Gegenwart geben kann, da die Gegenwart niemals stillsteht. Sie scheint sich unaufhörlich auf eine unbekannte Zukunft hinzubewegen. Du betrachtest die Zeit als ein Ding, als etwas von dir Getrenntes, als etwas, das du durchleben und durchlaufen musst. Doch das ist eine Täuschung, denn weder das erlebende Objekt noch das erlebte Objekt existieren wirklich.

Totalität ist alles und durchdringt alles, deshalb ist die Vorstellung eines eigenen individuellen Lebens illusorisch. Außerhalb des Denkens ist nichts und niemand da, der so etwas wie ich, du und andere kennen oder erleben könnte. Solange du dich als ein Etwas, als ein Individuum siehst und erlebst, bist du getäuscht durch die eigene Täuschung, hypnotisiert von der Kraft der eigenen subjektiv erzeugten Bilder und Vorstellungen, in denen du lebst und in denen nur du vorkommst – allein im eigenen egozentrischen Weltall. Deshalb bist du in dir und von dir selbst gefangen und bist gleichzeitig Gefängniszelle, Gefangener und Gefängniswärter. Geburt, Leben, Tod und Wiedergeburt gleichen einer Fata Morgana in der Wüste, sind nichts anderes als Trugbilder im Bewusstsein.

Wie geschieht Wiedergeburt? Ein Baum wird gepflanzt, er wächst und entfaltet sich langsam. Der Stamm wird höher, umfangreicher und stärker, und es bilden sich immer mehr Äste, große und kleine und viele Verzweigungen. Wenn der Baum seine volle Größe erreicht hat, blüht er, und aus den Blüten entstehen unzählige Früchte, die in ihren Kernen die Saat für neue, gleichartige Bäume tragen. Das Gleiche geschieht beim Menschen. Er wird geboren und wächst langsam auf, wird groß und stark und trägt als Saat eine gewaltige Vielfalt von sehr unterschiedlichen Erfahrungen, Vorstellungen, Ideen, Begierden, Abhängigkeiten, Strategien und Konzepten in sich.

Die Quintessenz der Saat bildet das, was der Mensch als Persönlichkeit in dieser Welt ist, lebt und darstellt. Wenn der physische Körper alt und verbraucht ist, kommt der Moment des Todes, der Moment, wo er scheinbar seinen Körper verlässt. Die innewohnende unsichtbare Saat, das Gesamtpotenzial des inneren Ich-Menschen sind gewaltige Kräfte, die dazu bestimmt sind, sich zu entfalten und auszudrücken. Der Charakter des Menschen, das, was man als Persönlichkeit bezeichnet, ist unsichtbar, versteckt im Fleisch. Deswegen weiß man eigentlich nie genau, wer und wie der andere denkende und fühlende Mensch ist. Der innere Mensch benutzt den physischen Körper, den er als «mein Körper» sieht und empfindet, wie ein Instrument, durch das er Inneres außen ausdrückt und sichtbar werden lässt. Er fühlt sich wie ein Bewohner in seinem eigenen Körperhaus. In dieser Innen- und Außendynamik erlebt der Mensch seine aus ihm erzeugte Welt. Das Innere erzeugt das Äußere und das Äußere erzeugt das Innere, das Innere bedingt das Äußere und das Äußere bedingt das Innere. Sie sind voneinander abhängig und existieren nicht getrennt voneinander. So wird gleich zu Beginn des denkenden Lebens eine verhängnisvolle Saat gesät, die das scheinbar Gute und das scheinbar Böse auf der Erde zwillingshaft verbindet. Die konzeptuelle Vorstellung von Entstehen, Blühen und Vergehen raubt der Seele ihre alterslose Unschuld. Dein Leben auf Erden wird so geformt, wie es der innere mentale Zustand sieht. Aus diesem wissenden Zustand wird der Alltag von Gedanke zu Gedanke geformt und in seinen Höhen und Tiefen erlebt. Der Schauplatz des ausgedachten Universums gewährleistet die Fortdauer des Willens, des Egos. Sterblich oder unsterblich beziehen sich ausschließlich auf die äußere Gestalt. Also löse dich von diesen Vorstellungen, denn du hast die Welt *nie* berührt.

Dein physischer Körper ist ein Bild, mit dem du dich stark identifizierst, und obwohl sich dieses Bild im Laufe von Tagen, Monaten und Jahren unaufhörlich verändert, sagst du gleichwohl immer: »Das bin ich.« Das Ich ist stark auf das Manifestierte, auf die äußere Erscheinungsform fixiert und ausgerichtet. Das kann ja nicht anders sein, da das Ich das objektivierende wie auch das objektivierte Objekt selbst ist. Deshalb kann das Ich nicht durch irgendwelche Übungen und Bemühungen Erwachen oder Befreiung erlangen, da es selbst nur ein Phänomen ist. *Erwachen geschieht!*

JENSEITS DER GEDANKEN

Die starke Identifikation mit dem Bildhaften ist eine gewaltige, nicht zu unterschätzende Kraft, denn genau aus dieser Kraft projiziert sich beim Verlassen des Körpers ein neuer Körper, ähnlich dem Traumkörper im Schlaf. Er wird aus dem »Ich-bin«-Gedanken geboren und ist nichts anderes als »Ich bin«. Dieser feinstoffliche Körper ist wie eine Art Kopie, wie ein Negativ der Fotografie eines Menschen in einer Landschaft. Doch alles, was entsteht, wird auch wieder vergehen. Das bedeutet: Sterben geht weiter, auch im Jenseits, und auch Wiedergeborenwerden ist demnach nichts anderes als weiter zu sterben.

Deshalb stirb, bevor du tot bist, und sei gewahr, dass Geburt und Tod nur den Körper betreffen und nicht dich! Wenn du erwachst, wird dein Herz von einer unbekannten Wonne berührt und erfüllt, und diese Wonne sprengt die einsamen Grenzen des begrenzten Lebens auf. Im milden inneren Morgenlicht erwacht die Seele aus einem jahrtausendelangen Schlaf und beendet ihre Reise durch die Zeit. Solange sie nicht erwacht, bleibt sie im Raum der Nacht stecken und wandert von Leben zu Leben und von Tod zu Tod. Wenn du im Moment des physischen Todes im inneren Nachtraum deine körperliche Hülle abstreifst und die innewohnenden schicksalsbestimmenden Kräfte weiterhin aktiv sind und weitervibrieren, dann vibriert das gesamte konzeptuelle Leben in einem scheinbar anderen Raum weiter, in einem Raum, den man das nicht-physische Jenseits nennt.

Wie dem auch sei, das Jenseits kann nicht getrennt vom Diesseits existieren, und ohne Ego gibt es weder das eine noch das andere. Das Leben im Jenseits ist also ein Leben jenseits des physischen Körpers, ein Leben in einem feinstofflichen Körper, wo aber die Willensprozesse und konzeptuellen Vorstellungen weiterlaufen. Das heißt, das Feld, in dem die gesamte Vergangenheit vibriert, stirbt nicht ab mit dem Verlassen des physischen Körpers, sondern vibriert weiter. Dadurch wird auch das physische Trugbild weiter belebt und aufrechterhalten und mit ihm die Vorstellung von Werden und Vergehen. Der scheinbar feste Körper im Diesseits und der scheinbar feinstoffliche Körper im Jenseits sind beides Traumkörper, nichts als Erscheinungen im Bewusstsein. Jegliche Identifikation mit Körperhaftem erschafft den Raum der Nacht, ist der Raum der Nacht selbst.

Sei gewahr, dass du ewig frei von den Umwallungen der Zeit bist und frei von jeglicher physischen Gebundenheit; denn den Raum der Nacht hast du nie betreten, da du in Wirklichkeit formlos, körperlos, todlos, Nicht-Ich bist. Wenn du erwachst, dann schweigen die erdgeborenen Stimmen und das Land der Stille wird offenbar. Eine unsterbliche Macht umarmt die Seele und transformiert sie in die All-Seele. Alles Besondere und alle Besonderheiten zerfließen, es ist nichts und niemand mehr da, außer Gewahrsein. Solange es die Ich-Saat gibt, gibt es die Welt, und solange es die Welt gibt, gibt es Wachsen und Vergehen, Leid und Freude und den Raum der Nacht.

Wie wir bereits gesehen haben, verhalten sich die Ich-Kräfte ähnlich, wie dies beim Wachsen eines neuen Baumes geschieht. Aus einem einzigen kleinen Samen wächst ein großer Baum heran. Das Gesamtbild, die gesamte Struktur des Baumes, ist latent im Samenkorn gespeichert. Sobald der Same in den Boden gelangt, erwacht er, bricht auf und beginnt zu wachsen und sich zu einem Baum zu entfalten. Unsichtbare Informationen unter der Erde wandeln sich in einen großen sichtbaren Baum über der Erde; Mutter Erde macht es möglich. Durch die befruchtete Eizelle in der Gebärmutter im Inneren eines weiblichen Körpers kommt nach neun Monaten ein kleiner Fleischkörper zur Welt, der sich im Laufe der Jahre zu einem ausgewachsenen Körper entwickelt. Alle äußeren Ereignisse entstehen aus einem Samen im Innern, und die Masse aller Ereignisse formt das äußere Leben, die äußere Erscheinungswelt. Wenn also der Mensch im Tod den Körper verlässt, baut sich aus den Saatbausteinen, den innewohnenden Ereigniskräften, ein neuer Körper auf, und dies geschieht sowohl im Diesseits wie auch im Jenseits. Wo Welten erscheinen und vergehen, da spiegelt sich Körperhaftes, und wo Körperhaftes erscheint, gibt es Sterben und Wiedergeborenwerden. Jeder Mensch lebt innerhalb der Grenzen seiner eigenen Natur, bis er den großen Tod stirbt und in die Grenzenlosigkeit des Geistes eingeht. Stirb jetzt innerlich, bevor du tot bist!

Das Ich, das in sich selbst illusorisch ist, instrumentalisiert das Körperhafte, um sich auszudrücken, sich selbst zu erkennen und zu definieren, und dies geschieht im Diesseits wie auch im Jenseits, da das Ego die Grundlage dieser beiden Welten darstellt. Dies ist der Raum der Nacht, der Raum, wo das Ich in dumpfer Unbewusstheit in seinen eigenen Hirngespinsten verstrickt ist. Die Gedanken und das Empfinden «Ich lebe« und »Ich werde sterben« bilden den Raum der Nacht, den Kern des Ich. Sie sind die Ich-Kräfte, die garantieren, dass du weiter leben und sterben wirst. Der Tod lebt weiter. Für das Ich scheint das Diesseits und das Jenseits wirklich zu existieren, für Nicht-Ich nicht! Die Traumerscheinungen spiegeln sich im Bewusstsein, deshalb gibt es so etwas wie ein autonomes, individuelles Wesen, das getrennt von der Totalität existiert, nicht.

Die Erdbiographie scheint einen evolutionären Plan aufzuzeigen, eine Geschichte zu zeichnen, aber welchen Zweck diese Geschichte, dieser evolutionäre Plan haben soll, wissen wir nicht. Du bist in der Welt, weißt aber nicht warum. Um dies herauszufinden und um dein In-der-Welt-Sein zu rechtfertigen, erfindest du unzählige Konzepte, die psychologischer, philosophischer oder religiöser Natur sind. »Ich« sucht nach dem Sinn seines Daseins. Welch ein Unsinn! Sei gewahr, dass sich das, was du wirklich bist, nie denken oder verstehen lässt. Wenn du realisierst, was du *wirklich* bist, dann fällt alles, was *nicht* wirklich ist, von dir ab und damit auch die unsinnige Suche des Ich nach dem Sinn des Lebens. Wenn es eine universelle Bestimmung für den Menschen gibt, dann ist diese mit Sicherheit nicht subjektiv denkbar, planbar oder erfassbar. Ein allumfassendes universelles Bewusstsein scheint die zielbestimmende und ausführende Intelligenz im Ablauf des gesamten Daseins zu sein, und diese universelle Nicht-Ich-Macht – die *alles ist, was ist* – ist das, was du *ewig* bist. Das Ich-Bewusstsein, der denkende Verstand ist geboren und wird sterben, nicht du.

Wie viele Körper mit ihrer Saat im Laufe der Jahrtausende immer und immer wieder aus dem Ich hervorgegangen sind, weißt du nicht. Wie viele Jahrtausende deine Seele durch Lieblosigkeit, Missverständnisse, steinharte Egozentrik im Tal von Leben und Tod eingekerkert war, weißt du auch nicht. Das, was du weißt, bist du nicht, und das, was du zu wissen glaubst, auch nicht. Die Vorstellung, die du von dir hast, ist die Erinnerung von dem, was du glaubst zu sein. Die lebendige Schönheit der Allgegenwart wird durch die Sinne wahrnehmbar und erlebbar, doch die allgegenwärtige leuchtende Wonne entsteht nicht aus dem Ich, sondern spiegelt die unvergängliche Herrlichkeit der Totalität. Du warst nie das, was kommt und geht, sondern du bist das, was *ewig* und unvergänglich ist. In jede Wiedergeburt ist der Tod eingebettet, in jedes Leben sein Ende, und wie die Saat gewesen ist, so wird die Ernte sein. So wirkt das Gesetz von Ursache und Wirkung innerhalb von Raum und Zeit. Die verhängnisvolle Macht des Werdens und Vergehens ist die Ursache allen Leidens, durchschaue sie! Der gnadenlose Wille, das Instrument von Ursache und Wirkung, zwingt die Seele von Tod zu Tod. Doch die Seele ahnt ihre unsterbliche Herkunft im höheren Licht der Vernunft. Sie zeigt sich als Sehnsucht.

Unzählige Neigungen, Begierden, Wünsche und Erfahrungen sowie das gesamte angeeignete Wissen und spezifische Glaubensbekenntnisse sind im Gehirn, im Unterbewussten, als lebendige Informationen eingelagert. Du kannst diese vielfältigen im Unterbewussten eingelagerten Informationen jederzeit abrufen und neu beleben und das bereits Gedachte wieder überdenken und neu bewerten. Dadurch wird das Gedachte erneuert und ergänzt und sinkt dann als energetische Information wieder ins Unterbewusste zurück, bis es durch äußere Impulse, durch die Stimulation der Sinne, differenziert wieder aus dem Unterbewussten ins Bewusste geholt wird. Es scheint, dass sich durch diesen Mechanismus das, was du dein Alltagsleben nennst und als solches erfährst, zusammenfügt. Mit dieser im Gehirn zusammengefügten Welt identifizierst du dich und bist davon überzeugt, dass das, mit dem du dich identifizierst, wirklich existiert. Durch diese Identifikation verstrickst du dich unbewusst im Netz des Todes und verdunkelst die Seele. Du gehst ganz selbstverständlich davon aus, dass du und die Welt erschaffen wurden, aber dies sind nichts als Vorstellungen, die auf dem Konzept »Ich bin« beruhen.

Aus den dynamischen Egomanen-Kräften entwickeln sich kollektive Fähigkeiten wie gemeinsame Ängste, gemeinsamer Hass, gemeinsame Sorgen und der gemeinsame Glaube an den Tod. Diese sich ständig verändernden inneren Kriegsschauplätze stärken das Ich-Gefühl und machen den Menschen lieblos, skrupellos und kaltherzig. So wandelt der Mensch in seiner eigenen Finsternis durch das Diesseits und das Jenseits, durch diese zwei Welten, die nichts anderes als dynamische Ausdrucksformen des Egos sind. Diese triebgebundenen Ich-Kräfte zwingen die Seele zu einem Oberflächendasein im Sumpf der Zeit. Der Daseinswille ist die Kraft, die die darstellenden Fragmente des unbewussten illusionären Lebens in den Fangnetzen der Zeit zusammenhält.

Wenn die sinnsuchende Kraft erwacht, dann glaubt das Ego zunächst an ein ausgeweitetes Leben und erhofft sich dadurch eine Stärkung und Verherrlichung seines machtorientierten Reiches. Das Ich möchte tun, sich weiterentwickeln und verwirklichen. Dieses Wollen ist auch die Grundlage für die Ausübung von spirituellen Übungen und Techniken, doch Techniken, Rituale und spirituelle Übungen nützen absolut nichts, um die Totalität zu verwirklichen. Sie vermehren lediglich die Konzepte, auf denen sie aufgebaut sind. Sei gewahr, dass es nie einen Weg aus der Sterblichkeit in die Unsterblichkeit gab, nie einen Weg, der aus der Zeit ins Zeitlose führt.

Da die Grenzen des subjektiven Ich-Daseins vorgezeichnet sind, realisiert das Ego irgendwann schmerzhaft, dass sein Reich illusionär ist. Das Persönliche ermüdet an seinen eigenen Grenzen des Sehens, denn es vermag den selbst erschaffenen Schleier nicht zu durchschauen. Auch der Wille ermüdet, da Menschenkraft nie in die heilige Totalität einzudringen vermag. Du warst nie der Körper, der auf der relativen Ebene erscheint und vergeht, und hast nie in einem Diesseits oder einem Jenseits existiert, denn du bist egoloses Hier, egoloses Jetzt.

Geist ist unerschaffen, nie hat ein Gedanke Geist berührt, denn der Gedanke ist nichts als der Verstand und der Verstand nichts als das Ego. Der Denker und das Gedachte erscheinen und vergehen, Geist ist ewig. Das Denken ist das Vertraute, deshalb vertraust du deinem Denken, dem Denken, das scheinbar Träume verwirklichen kann. Doch das Denken kann sich nicht aus der starren Welt hinausbewegen, da es selbst Verursacher seiner eigenen Wirkungen ist. Du kannst dich ändern, doch Geist ist unveränderlich. Zu vergessen, was du *wirklich* bist, ist der Tod. Also erwache – wenn nicht *jetzt*, wann *dann*?

Das Gesamtpotenzial der im Unterbewussten eingelagerten dynamischen Informationen mit ihren innewohnenden Kräften bestimmt die Atmosphäre, in der du lebst und dich ausdrückst. Durch diese vom Willen gesteuerten gestalterischen Kräfte planst du dein Leben und verhältst dich entsprechend dieser zielgerichteten Dynamik. Diese subjektiven Kräfte beeinflussen und bestimmen dein Leben. Sie sind dein Leben und auch dein Sterben. Launenhaftes erschafft Leidenschaften, und Leidenschaften legen die Seele in Ketten. Es ist das Launenhafte, das wiedergeboren wird, und Launenhaftes ist nichts als das Ego. Was sich wiederverkörpert und wiedergeboren wird, ist nicht Herr oder Frau X, sondern nur die nicht erlöste launenhafte Ich-Saat, die im Jenseits weitervibriert.

Gemäß den innewohnenden strukturierten Informationen in den Saatkräften drängt es die Seele wieder ins Fleisch zurück, und dies ist nichts Mystisches oder Romantisches, sondern

Ausdruck einer eingekerkerten, verirrten und gefangenen Seele. So sät sich die Saat selbst aus und gewährleistet Kontinuität. Da der Ich-Kern im Diesseits wie auch im Jenseits grundsätzlich ein und derselbe ist, sind auch die gesamten im Kern innewohnenden Informationen mit all ihren vielfältigen Vibrationszuständen dieselben.

Es sind verschiedene Grundstimmungen, die vom Ich-Kern ausgehen und sich immer wieder von Neuem facettenreich entfalten und vermehren. Der Durst nach Körperhaftem, der durch intensive Identifikation mit dem physischen Leib entsteht, ist die gestaltende Kraft, die im Jenseits wieder einen Körper projiziert, einen feinstofflichen Traumkörper. Doch auch hier wirkt das Gesetz von Ursache und Wirkung. Das bedeutet, was erscheint, wird und muss wieder vergehen. Der Körper im Diesseits und der Körper im Jenseits sind beide nichts als Spiegelungen, nichts als Traumerscheinungen im Bewusstsein. Was erscheint und vergeht, kann jedoch *nicht* das sein, was du wirklich bist, denn du bist ewig und unvergänglich. Streife die Bürde des Gegensätzlichen von dir ab und überwinde die Wirbel der Zeit. Füge dich ein in den Glanz des Allerschönsten und Allerherrlichsten und realisiere, was du *ewig* bist! Solange das Ich existiert, ist die Seele an die Zeit gekettet und träumt von Leben, Tod und Wiedergeburt und erträumt unaufhörlich sterbliche Körper. Im vorherigen wie auch in diesem Leben schienen sich dir immer wieder Möglichkeiten eröffnet zu haben, wo du dich erfolgreich verändern, verbessern oder verschlechtern konntest. Diese Möglichkeiten bestehen und bestanden in jedem Augenblick. Doch alle subjektiven Handlungen sind, genau gesehen, nichts anderes als ein Herumbasteln an der eigenen Begrenztheit, der eigenen Gefangenschaft.

Der fantasiegeprägte, im Gehirn aufgezeichnete Lebensweg ist voll von Verirrung, Rastlosigkeit und dumpfen Konzepten. Unter der Schwerkraft dieses düsteren mentalen Mantels leidet die leuchtende Seele. Das sogenannt Schlechte in dir ist wie eine bleierne Kugel an deinem linken Fuß, und das sogenannt Gute in dir wie eine goldene Kugel am rechten Fuß. Das Gute und das Schlechte sind die zwei Seiten des Ich. Was auch immer du tust, »ich« ist immer die Ursache und »ich« ist immer die Wirkung der Ursache. Was wirkt, das bewirkt. Doch im Endlichen, dort wo Ursachen und Wirkungen wirksam sind, gibt es keine Grenzenlosigkeit, keine Ewigkeit. Durchschaue das triviale Spiel des Ich, durchschaue die falschen Vorstellungen und die nutzlosen Konzepte und realisiere, was du *wirklich* bist!

Die Illusion von Leben und Tod verdunstet allmählich im Erwachen. Der Säende und die Saat verbrennen in der heiligen Macht der Gnade, die Erwachen selbst ist. So löst sich der Glanz der Seele aus den groben Umrahmungen der Zeit und geht in der Herrlichkeit des ewigen Lichtes auf, endlich wieder zu Hause!

WIE UND WAS?

Was muss ich tun, um Totalität zu sein oder zu werden? Wie schaffe ich Selbstverwirklichung? Das eigentliche Problem, wenn es denn eines gäbe, wäre dieses »Wie« und »Was«.

Solange du Selbstverwirklichung als ein Ziel, als etwas, das du irgendwann realisieren möchtest, siehst und verstehst, solange bleibst du verwirrt in Konzepten stecken. Selbstverwirklichung ist nicht ein Ziel, sondern die Realisation dessen, was du *wirklich* bist. Das Ich, das selbst unwirklich ist, glaubt, dass es irgendwann Selbstverwirklichung erlangen könnte. Das Ego hält den Körper für sich selbst, versucht aber gleichzeitig, seinen Ursprung zu erkennen. In diesem Suchen hofft das Ego, das Selbst zu verwirklichen. Doch die Wirklichkeit liegt jenseits des Verstandes, jenseits des Suchens und des Gesuchten. Wenn das Ich ermüdet und kapituliert, dann öffnet sich die unfassbare Tiefe des Nicht-Ich. Dann überschreitest du die äußerste Grenze deines inneren menschlichen Daseins und tauchst in DAS ein, wo nie ein Wort oder ein Gedanke eingedrungen sind. Innerlich suchst du herauszufinden, wer du eigentlich bist, und dieses Suchen weckt mystische Gefühle in dir. Doch Suchen ist eine Bewegung des Verstandes, eine Bewegung, die sich im Kreis dreht und immer zum selben Ausgangspunkt zurückführt, nämlich zum Ich. Suchen ist Denken, doch was und wer denkt und warum? Das, was du *wirklich* bist, hat nie gedacht, denn du bist das ewig unerschaffene Nicht-Ich.

Also sind der Denker und auch das Gedachte das, was du wirklich *nicht* bist. Du bist weder das objektivierende Objekt noch das objektivierte Objekt. Denken erschafft das Gedachte, und das Gedachte ist Leben, Tod und Wiedergeburt. Denken erschafft diesen unheilvollen Kreislauf in der Zeit. Der Verstand sucht nach Lösungen, um aus diesem Kreislauf auszubrechen, erfolglos, denn das Ich selbst ist der Stratege und die Strategie, der Gefangene und die Gefangenschaft und die Ursache der Gefangenschaft selbst. Das Ich versucht sich selbst zu überlisten, doch es bleibt in seinen engen strukturierten Grenzen stecken.

Die Seele drängt in den Ozean der Stille zurück, in den Ozean des Friedens und der Glückseligkeit. Das Ich starrt jedoch wie hypnotisiert ins Gedächtnis und nimmt dort Trugbilder eines scheinbar eigenen Lebens und einer scheinbar eigenen Vergangenheit wahr und identifiziert sich mit dem Wahrgenommenen.

Der Herzschlag des Ewigen, das Gewand der universellen Liebe, ist im Gestern, im Heute und im Morgen unauffindbar, denn das Ewige ist ewig – ewig frei vom Brennstoff des Veränderlichen und Vergänglichen! Geladen mit subjektiven Vorstellungen, flieht das Ich nach vorne in seine eigene Zukunft, in eine Zukunft, die es in Wirklichkeit nicht gibt und nie gab. Gestern und morgen existieren nur, weil es das Heute gibt, doch das Heute, das Gestern und das Morgen sind nichts als Vorstellungen, nichts als Gedanken, die kommen und gehen. Das Heute scheint die Drehscheibe vom Gestern ins Morgen zu sein, doch diese Bewegung ist rein illusionär. Löse deinen Blick von diesem sklavenhaften Sehen und erwache – *wenn nicht jetzt, wann dann?*

Das Suchen in den Ursächlichkeiten der eigenen Gebundenheit erfordert Zeit, während Gewahrsein frei ist von Zeit. Im reinen Gewahrsein verdunstet das Wie, das Was und das Warum.

DAS LEBEN IST EINS

Die gigantische, unpersönliche, unbegrenzte, heilige Macht wird durch den persönlichen Willen eingegrenzt und missbraucht. Das heilige Licht wird durch den persönlichen Willen umgebogen und für die Gestaltung und Erhaltung der selbstsüchtigen Egowelt eingesetzt und verwendet. In der subjektiven Egomanen-Welt kommt nur das Ego vor. Das Ich erschafft das Fantasiegebilde des Weltgeschehens im Gehirn, nährt es und hält es erfolgreich am Leben. In der starren Umgebung, in der das Ich vibriert und existiert, ist es der Seele nicht möglich, ihrer formlosen Lieblichkeit gewahr zu sein. Der Wille, der unglückliche Leidenschaften und Verfinsterung erzeugt, verhindert dies. Durch willentliches Tun wird Heiliges zu Unheiligem, Ewiges zu Zeitlichem und Nicht-Ich zum Ich.

Auf der Ich-Ebene bist du der Baumeister deines eigenen Schicksals, und so lebst du in der Gegenwart von den Verdiensten deiner Vergangenheit. Deine Gegenwart spiegelt deine Vergangenheit und deine Vergangenheit ist deine Gegenwart. Wie weit sich deine Vergangenheit im Ich zurückspiegelt und wann diese Spiegelung, dein Ich, mit seiner Wanderung durch die Zeit begonnen hat, weißt du nicht. Reicht diese Spiegelung bis in frühere Leben, wenn ja, in wie viele?

Wann wurde Gegenwart zur Vergangenheit und wie wurde Nicht-Ich zu Ich und warum?

Das sind Fragen, die sich das Ego stellt, denn es möchte in seiner Neugier mehr über sich selbst und seinen Ursprung erfahren, doch der Ego-Schein ist nicht das wirkliche Sein. Du bist Sein und nicht Schein. Du bist das, was die Welt *nie* berührt hat und von der Welt nie berührt wurde. Schau nicht zurück, schau nicht nach vorne – *sei!*

In welche Richtung du dich auf deinem subjektiven Lebensweg bewegst, bestimmst du, und durch das willentlich konzeptuell gesteuerte Leben entsteht das Empfinden, von Moment zu Moment zu leben, weiterzuleben. Die großen ausgedachten Weiten, das selbst inszenierte Lebensspiel mit seinen mentalen Ansprüchen, enden immer wieder in inneren Zusammenbrüchen, in großen Erschütterungen. Diese Zusammenbrüche und Erschütterungen sind meistens schmerzhaft. Durch solche Erfahrungen wird jedoch vieles relativiert und das Vergängliche und Überlagerte wird offensichtlicher. Erkenne die Quelle, aus der die Welt und dein Leben entstehen und die die Ursache dafür ist, wie du die Welt wahrnimmst, verstehst und erlebst. Es ist die gebundene Kraft des objektivierenden Objekts und des objektivierten Objekts, die die Vorstellung von Leben und Tod erscheinen lässt. Was ist, wenn diese Kraft, die aus dem Gestern das Heute erschafft, abwesend ist und es das objektivierende Objekt und das objektivierte Objekt nicht mehr gibt?

Gefangen im sich stets Veränderlichen, wandert die Seele an den Rändern der Zeit, verstrickt in zahlreiche Täuschungen. Ruhelos wandert sie durch die zwei Todestäler, das illusionäre Diesseits und das illusionäre Jenseits. In diesem subjektiven Weltall lebst du in den von dir selbst aufgebauten Strukturen und der dazupassenden Lebensweise. Dein Verstand unterwirft sich begreifbaren und fassbaren Kräften und flicht sich in subjektive vergängliche Denkwelten ein, in denen der Hauptakteur der Wille ist. Du bist süchtig nach Bildern und ihren konzeptuellen Inhalten, süchtig nach Hoffnungen, Wünschen und Leidenschaften. Du bist nicht gewahr, dass es das Bewusstsein ist, das das kosmische Panorama mit seinen gigantischen Proportionen hervorbringt und dieses als Wahrheit und Wirklichkeit in deinem Verstandesbewusstsein erscheinen lässt. Du bist nicht gewahr, dass dieser gewaltige Kosmos, der erscheint, davon abhängig ist, dass du ihn wahrnimmst und bejahst. Ohne das wahrnehmende Objekt und das wahrgenommene Objekt gibt es keine Welt, weil das wahrnehmende Objekt wie auch das wahrgenommene Objekt die wahrgenommene interpretierte Sinneswelt selbst ist. Weil du bewusst bist, existiert die bewusste manifestierte Welt für dich. Wärest du nicht bewusst, gäbe es keine Welt. Also ist die Grundlage des Universums Bewusstsein. Durch körperhafte Manifestation scheint sich das Bewusstsein als Bewusstsein selbst bewusst zu sein, doch das, was du *wirklich* bist, ist jenseits des Bewussten. Ich ist die bewusste Welt – Nicht-Ich ist Totalität.

Das Innere und das Äußere sind vergänglich, das Universelle, Entpersonifizierte ist ewig und unvergänglich – das, was du *wirklich* bist.

WEM GEHÖRT LEBEN?

Das Ich, der Handelnde, wähnt sich als strahlender Herrscher, doch sein enges Reich ist das Reich des Todes. Die subjektiven Vorstellungskräfte, die im launenhaften Ich-Feld des Verstandes wirksam sind, beflügeln den Menschen. Er ist begeistert von seiner selbst erschaffenen Welt, in der er wirken kann, aber diese subjektive Welt ist nichts als eine Sackgasse in der Totalität. Nie kann Vorstellungskraft in die ewigen Tiefen des Nicht-Ich eindringen oder sie berühren, denn Zeitloses vermischt sich nie mit Zeitlichem und Todloses nie mit Sterblichem. Die vom Ich produzierten und projizierten Probleme werden nach dem physischen Tod von einer scheinbar sichtbaren Ebene auf eine scheinbar unsichtbare Ebene verlagert, vom Diesseits ins Jenseits. Die unsichtbaren inneren Schritte aus dem physischen Körper aus der diesseitigen Welt in eine andere jenseitige Welt sind eine Reise des Ich. Es ist eine Reise, die auf Resultaten von toten Halbwahrheiten basiert, von aufgewühlten Kräften aus dem Schlamm der Ich-Zentralität.

Die Probleme, die auf der physischen Ich-Ebene angehäuft wurden, werden nahtlos aus dem Hier in das Dort transportiert und mitgenommen und unter anderen Bedingungen weiter erlebt. Wenn man glaubt oder hofft, dass man nach dem Verlassen des physischen Körpers aus diesen alten illusorischen Kräften herausschlüpfen könne, erliegt man einem schrecklichen Irrtum.

Die zwingende Kraft, das Gesetz von Ursache und Wirkung, treibt die getäuschte und verwirrte Seele unerbittlich vorwärts durch die konzeptuelle diesseitige und jenseitige Welt. Die stumpfen Ich-Kräfte materialisieren sich und entfalten subjektive Panoramen im Jenseits. Der Ich-Mensch erlebt sich selbst, er lebt in seinen eigenen hellen und dunklen Bildern und Emotionen, und dies im Diesseits wie auch im Jenseits, da beide Welten das Ich selbst sind. »Ich« ist die Grundlage für diese irrealen Welten, die nichts als Erscheinungen im Bewusstsein sind. Die formgebundene Seele durchwandert ihre Innenwelt, und was das Ich gesät hat, das wird es ernten, denn die Ursachen lassen sich nicht von den Wirkungen trennen. Darum entdecke das, was niemals stirbt, und sei todlos glücklich!

ALLES IN ORDNUNG

In der empirischen Naturwissenschaft gibt es eine Hypothese, die sich vor allem auf das organische Leben bezieht und die lautet: »Das Leben schafft Bedingungen, die zu seiner Erhaltung beitragen. Organismen beeinflussen die physikalisch-chemische Umgebung zu ihren Gunsten.« In anderen Worten, das Leben schafft sich gewissermaßen die Welt, die es braucht. So gesehen, wäre der Kosmos ein Superorganismus und der Erdenplanet ein Lebewesen.

Das Gehirn ist für die großen Gefühle zuständig, wie zum Beispiel Liebe, Hass, Neid, Trauer und Glück. Das Gehirn lässt dich denken, hoffen, verzweifeln, glauben und vergeben, doch was in diesen tausend Gramm Fett und Gewebe genau geschieht, ist noch weitgehend unerforscht. Ob das Gehirn überhaupt in der Lage ist, über sich nachzudenken, und ob es seine eigene Funktionsweise vollständig aufzuklären und zu verstehen vermag, ist eine offene Frage. Wir sind weit davon entfernt, uns wirklich selbst physikalisch verstehen zu können. Es gibt keine endgültigen Antworten in Bezug auf unser physikalisches Dasein, nur immer neue, frische und tiefere Fragen. Doch wer erwacht, transzendiert den Fragenden und die Fragen.

Gott zu suchen ist, als würdest du Menschen nach dem Weg zu deiner Wohnung befragen, obwohl du bereits in der Wohnung bist. Du beschwerst dich, weil dir jeder einen anderen Weg erklärt hat, dem du folgen sollst. Du denkst, du seiest hier und Gott woanders und dass du IHN suchen müsstest, um zu IHM zu gelangen. Du hoffst, durch dein Bemühen irgendwann im Ewigen anzukommen. Durchschaue jetzt diesen tiefen Irrtum und realisiere, dass du die Welt *nie* berührt hast. Alles ist in Ordnung! Transzendiere das, was Unordnung schafft, und sei im Frieden, in der Stille jenseits der wahrnehmbaren Stille!

Liebe alle Menschen, liebe alle Lebewesen – denn ist dein Herz voller Liebe, wirst du kein Leid mehr erfahren und die Totalität realisieren. Die heilige Liebesmacht ist ohne Anfang und ohne Ende. *Sie ist das, was du ewig bist!*

Fürchte dich nicht,
ICH BIN HIER!

Kontaktadressen und Informationen für
Zusammenkünfte und Darshans mit Meister M

Deutschland
Herbert und Eva Werner
E-Mail: organisation.mantese@gmx.de

Deutschsprachige Schweiz
Renate Schmidlin
E-Mail: organisation.mantese@gmx.ch

Französischsprachige Schweiz
Franco della Corte und Yolande Favre
E-Mail: organisation.mantese@bluewin.ch

Für weitere Informationen besuchen Sie bitte die
Homepage von Meister M
www.mariomantese.com

Meister M trifft niemanden privat
und ist auch telefonisch nicht erreichbar.
Er empfängt die Menschen ausschließlich an
angekündigten Darshans und Zusammenkünften.

Weitere Bücher von Mario Mantese

Der Taoist
Der geheime Weg
211 Seiten, € 19.–

Die Welt bist Du
Perlen der Liebe
97 Seiten, € 8.–

Gebete
aus der heiligen Quelle
75 Seiten, € 14.–

Im Herzen der Welt
Autobiografie von Meister M
316 Seiten, € 23.–

Im Land der Stille
Lehrzeit im Himalaya
253 Seiten, € 19.–

im Verlag Edition Spuren

Ein Weg aus den Sorgen
Geschenke an die Seele
179 Seiten, € 19.–

Leben endet nie
Reiseführer in die Ewigkeit
221 Seiten, € 19.–

Flugstunden für Engel
Satirische Farbtupfer
93 Seiten, € 14.–

Licht einer großen Seele
Begegnungen mit Meister M
236 Seiten, € 20.–

Reise durch die Ewigkeit
Die geheime Loge
233 Seiten, € 19.–

Im Garten deiner Seele
Briefe an Meister M
156 Seiten, € 22.–

Lichtblicke im Leben
95 Seiten, farbig, € 18.–

Gelebte Weisheit
Farbbilder und Naturbetrachtungen
141 Seiten, € 20.–

Lebenstiefen deiner Seele
Allen atmenden Lebewesen
91 Seiten, € 14.–

Die sanft heilende Kraft
Wunder und Wunderbares
281 Seiten, € 20.–

Vision des Todes
Meine Reise durch das Jenseits
154 Seiten, € 16.–

Die Kunst des Nicht-Seins
89 Seiten, € 14.–